世界遺産シリーズ

世界遺産ガイド

ーモンゴル編ー

《 目　次 》

■ユネスコ世界遺産の概要

1. ユネスコとは　6
2. 世界遺産とは　6
3. ユネスコ世界遺産が準拠する国際条約　6
4. 世界遺産条約の成立の経緯とその後の展開　7
5. 世界遺産条約の理念と目的　8
6. 世界遺産条約の主要規定　8
7. 世界遺産条約の事務局と役割　9
8. 世界遺産条約の締約国（193の国と地域）と世界遺産の数（167の国と地域1121物件）　9-15
9. 世界遺産条約締約国総会の開催歴　15
10. 世界遺産委員会　16
11. 世界遺産委員会委員国　16
12. 世界遺産委員会の開催歴　18
13. 世界遺産の種類　19
14. ユネスコ世界遺産の登録要件　21
15. ユネスコ世界遺産の登録基準　21
16. ユネスコ世界遺産に登録されるまでの手順　22
17. 世界遺産暫定リスト　22
18. 危機にさらされている世界遺産（★【危機遺産】　53物件）　23
19. 危機にさらされている世界遺産リストへの登録基準　23
20. 監視強化メカニズム　24
21. 世界遺産リストからの登録抹消　24
22. 世界遺産基金　25
23. ユネスコ文化遺産保存日本信託基金　26
24. 日本の世界遺産条約の締結とその後の世界遺産登録　27
25. 日本のユネスコ世界遺産　30
26. 日本の世界遺産暫定リスト記載物件　31
27. ユネスコ世界遺産の今後の課題　31
28. ユネスコ世界遺産を通じての総合学習　32
29. 今後の世界遺産委員会等の開催スケジュール　33
30. 世界遺産条約の将来　33

■モンゴルの概況　57～63

■モンゴルのユネスコ遺産　概説　65～69

■モンゴルの世界遺産

- □ウフス・ヌール盆地　74～75
- □オルホン渓谷の文化的景観　76～77
- □モンゴル・アルタイ山脈の岩壁画群　78～79
- □グレート・ブルカン・カルドゥン山とその周辺の神聖な景観　80～81
- □ダウリアの景観群　82～83

世界遺産ガイドーモンゴル編ー

目次

■モンゴルの世界無形文化遺産

□モンゴルの世界無形文化遺産の概況　*86～87*

　□馬頭琴の伝統音楽　*88～89*
　□オルティン・ドー、伝統的民謡の長唄　*90～91*
　□モンゴルの伝統芸術のホーミー　*92～93*
　□ナーダム、モンゴルの伝統的なお祭り　*94～95*
　□鷹狩り、生きた人間の遺産　*96～97*
　□モンゴル・ゲルの伝統工芸技術とその関連慣習　*98～99*
　□モンゴル人のナックルボーン・シューティング　*100～101*
　□伝統的なフフルでの馬乳酒（アイラグ）の製造技術と関連する慣習　*102～103*

　□モンゴル・ビエルゲー：モンゴルの伝統的民族舞踊　*104～105*
　□モンゴル・トゥーリ：モンゴルの叙事詩　*106～107*
　□ツォールの伝統的な音楽　*108～109*
　□リンベの民謡長唄演奏技法−循環呼吸　*110～111*
　□モンゴル書道　*112～113*
　□ラクダを宥める儀式聖地を崇拝するモンゴル人の伝統的な慣習　*114～115*

□世界無形文化遺産 キーワード　*84*

■モンゴルの世界の記憶

□モンゴルの世界の記憶の概況　*119～123*

※世界遺産委員会別歴代議長　*4*
※2020年の第44回世界遺産委員会福州会議から適用される新登録に関わる
　登録推薦件数1国1件と審査件数の上限数35　*56*
※世界遺産、世界無形文化遺産、世界の記憶の違い　*69*

本書の作成にあたり、下記の方々に写真や資料のご提供、ご協力をいただきました。
ユネスコ、ユネスコ世界遺産センター（ホームページ2019年12月1日現在）
ユネスコ・モンゴル国内委員会（Ms Uyanga Sukhbaatar ／Ms.Khaliun Magsarjav）、
モンゴル・イコモス国内委員会（Mr.Norov Urtnasan）、モンゴル国立図書館、IUCN、ICOMOS

【表紙と裏表紙の写真】

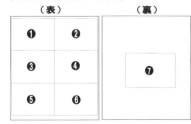

❶ウブス・ヌール盆地
❷ダウリアの景観郡
❸モンゴル・アルタイ山脈の岩壁画群
❹オルホン渓谷の文化的景観―モンゴル帝国の首都カラコルム
❺オルホン渓谷の文化的景観―エルデネ・ゾー僧院
❻グレート・ブルカン・カルドゥン山と
　その周辺の神聖な景観
❼ウランバートルのスフバートル広場

※世界遺産委員会別歴代議長

回次	開催年	開催都市（国名）	議長名（国名）
第1回	1977年	パリ（フランス）	Mr Firouz Bagherzadeh (Iran)
第2回	1978年	ワシントン（米国）	Mr Firouz Bagherzadeh (Iran)
第3回	1979年	ルクソール（エジプト）	Mr David Hales (U.S.A)
第4回	1980年	パリ（フランス）	Mr Michel Parent (France)
第5回	1981年	シドニー（オーストラリア）	Prof R.O.Slatyer (Australia)
第6回	1982年	パリ（フランス）	Prof R.O.Slatyer (Australia)
第7回	1983年	フィレンツェ（イタリア）	Mrs Vlad Borrelli (Italia)
第8回	1984年	ブエノスアイレス（アルゼンチン）	Mr Jorge Gazaneo (Argentina)
第9回	1985年	パリ（フランス）	Mr Amini Aza Mturi (United Republic of Tanzania)
第10回	1986年	パリ（フランス）	Mr James D. Collinson (Canada)
第11回	1987年	パリ（フランス）	Mr James D. Collinson (Canada)
第12回	1988年	ブラジリア（ブラジル）	Mr Augusto Carlo da Silva Telles (Brazil)
第13回	1989年	パリ（フランス）	Mr Azedine Beschaouch (Tunisia)
第14回	1990年	バンフ（カナダ）	Dr Christina Cameron (Canada)
第15回	1991年	カルタゴ（チュジニア）	Mr Azedine Beschaouch (Tunisia)
第16回	1992年	サンタフェ（米国）	Ms Jennifer Salisbury (United States of America)
第17回	1993年	カルタヘナ（コロンビア）	Ms Olga Pizano (Colombia)
第18回	1994年	プーケット（タイ）	Dr Adul Wichiencharoen (Thailand)
第19回	1995年	ベルリン（ドイツ）	Mr Horst Winkelmann (Germany)
第20回	1996年	メリダ（メキシコ）	Ms Maria Teresa Franco y Gonzalez Salas (Mexico)
第21回	1997年	ナポリ（イタリア）	Prof Francesco Francioni (Italy)
第22回	1998年	京都（日本）	H.E. Mr Koichiro Matsuura (Japan)
第23回	1999年	マラケシュ（モロッコ）	Mr Abdelaziz Touri (Morocco)
第24回	2000年	ケアンズ（オーストラリア）	Mr Peter King (Australia)
第25回	2001年	ヘルシンキ（フィンランド）	Mr Henrik Lilius (Finland)
第26回	2002年	ブダペスト（ハンガリー）	Dr Tamas Fejerdy (Hungary)
第27回	2003年	パリ（フランス）	Ms Vera Lacoeuilhe (Saint Lucia)
第28回	2004年	蘇州（中国）	Mr Zhang Xinsheng (China)
第29回	2005年	ダーバン（南アフリカ）	Mr Themba P. Wakashe (South Africa)
第30回	2006年	ヴィリニュス（リトアニア）	H.E. Mrs Ina Marciulionyte (Lithuania)
第31回	2007年	クライストチャーチ（ニュージーランド）	Mr Tumu Te Heuheu (New Zealand)
第32回	2008年	ケベック（カナダ）	Dr Christina Cameron (Canada)
第33回	2009年	セビリア（スペイン）	Ms Maria Jesus San Segundo (Spain)
第34回	2010年	ブラジリア（ブラジル）	Mr Joao Luiz Silva Ferreira (Brazil)
第35回	2011年	パリ（フランス）	H.E. Mrs Mai Bint Muhammad Al Khalifa (Bahrain)
第36回	2012年	サンクトペテルブルク（ロシア）	H.E. Mrs Mitrofanova Eleonora (Russian Federation)
第37回	2013年	プノンペン（カンボジア）	Mr Sok An (Cambodia)
第38回	2014年	ドーハ（カタール）	H.E. Mrs Sheikha Al Mayassa Bint Hamad Bin Khalifa Al Thani (Qatar)
第39回	2015年	ボン（ドイツ）	Prof Maria Bohmer (Germany)
第40回	2016年	イスタンブール（トルコ）パリ（フランス）	Ms Lale Ulker (Turkey)
第41回	2017年	クラクフ（ポーランド）	Mr Jacek Purchla (Poland)
第42回	2018年	マナーマ（バーレーン）	Sheikha Haya Rashed Al Khalifa (Bahrain)
第43回	2019年	バクー（アゼルバイジャン）	Mr. Abulfaz Garayev (Azerbaijan)

ユネスコ世界遺産の概要

第43回世界遺産委員会バクー（アゼルバイジャン）会議2019

写真：古田陽久

1 ユネスコとは

　ユネスコ（UNESCO＝United Nations Educational, Scientific and Cultural Organization）は、国連の教育、科学、文化分野の専門機関。人類の知的、倫理的連帯感の上に築かれた恒久平和を実現するために1946年11月4日に設立された。その活動領域は、教育、自然科学、人文・社会科学、文化、それに、コミュニケーション・情報。ユネスコ加盟国は、現在195か国、準加盟地域10。ユネスコ本部はフランスのパリにあり、世界各地に55か所の地域事務所がある。職員数は2,189人（うち邦人職員は52人）、2018-2019年度通常予算（2年分）1,224百万米ドル。主要国分担率（＊2019年）は、中国（15.493％）、日本（11.052％　わが国分担金額：平成30年度：約34億7千万円）、ドイツ（7.860％）、英国（5.894％）、フランス（5.713％）。事務局長は、オードレイ・アズレー氏＊＊（Audrey Azoulay　フランス前文化通信大臣）。

*2019年時点では、日本は中国に次いで第2位の分担金拠出国（注：2018年に米国が脱退し、また、2019年〜2021年の新国連分担率により、2019年から中国が最大の分担金拠出国となった。）として、ユネスコに財政面から貢献するとともに、ユネスコの管理・運営を司る執行委員会委員国として、ユネスコの管理運営に直接関与している。

**1972年パリ生まれ、パリ政治学院、フランス国立行政学院（ENA）、パリ大学に学ぶ。フランス国立映画センター（CNC）、大統領官邸文化広報顧問等重要な役職を務め、フランスの国際放送の立ち上げや公共放送の改革などに取り組むなど文化行政にかかわり、文化通信大臣を務める。2017年3月のイタリアのフィレンツェでの第1回G7文化大臣会合での文化遺産保護（特に武力紛争下における保護）の重要性など「国民間の対話の手段としての文化」に関する会合における「共同宣言」への署名などに主要な役割を果たし、2017年11月、イリーナ・ボコヴァ氏に続く女性としては二人目、フランス出身のユネスコ事務局長は1962〜1974年まで務めたマウ氏に続いて2人目のユネスコ事務局長に就任。

＜ユネスコの歴代事務局長＞

		出身国	在任期間
1.	ジュリアン・ハクスリー	イギリス	1946年12月〜1948年12月
2.	ハイメ・トレス・ボデー	メキシコ	1948年12月〜1952年12月
(代理)	ジョン・W・テイラー	アメリカ	1952年12月〜1953年 7月
3.	ルーサー・H・エバンス	アメリカ	1953年 7月〜1958年12月
4.	ヴィットリーノ・ヴェロネーゼ	イタリア	1958年12月〜1961年11月
5.	ルネ・マウ	フランス	1961年11月〜1974年11月
6.	アマドゥ・マハタール・ムボウ	セネガル	1974年11月〜1987年11月
7.	フェデリコ・マヨール	スペイン	1987年11月〜1999年11月
8.	松浦晃一郎	日本	1999年11月〜2009年11月
9.	イリーナ・ボコヴァ	ブルガリア	2009年11月〜2017年11月
10.	オードレイ・アズレー	フランス	2017年11月〜現在

ユネスコの事務局長選挙は、58か国で構成する執行委員会が実施し、過半数である30か国の支持を得た候補者が当選する。投票は当選者が出るまで連日行われ、決着がつかない場合は上位2人が決選投票で勝敗を決める。
ユネスコ総会での信任投票を経て、就任する。任期は4年。

2 世界遺産とは

　世界遺産（World Heritage）とは、世界遺産条約に基づきユネスコの世界遺産リストに登録されている世界的に「顕著な普遍的価値」（Outstanding Universal Value）を有する遺跡、建造物群、モニュメントなどの文化遺産、それに、自然景観、地形・地質、生態系、生物多様性などの自然遺産など国家や民族を超えて未来世代に引き継いでいくべき人類共通のかけがえのない自然と文化の遺産をいう。

3 ユネスコ世界遺産が準拠する国際条約

　世界の文化遺産及び自然遺産の保護に関する条約（通称：**世界遺産条約**）
　（Convention for the Protection of the World Cultural and Natural Heritage）
　＜1972年11月開催の第17回ユネスコ総会で採択＞

*ユネスコの世界遺産に関する基本的な考え方は、世界遺産条約にすべて反映されているが、この世界遺産条約を円滑に履行していくためのガイドライン（Operational Guidelines for the Implementation of the World Heritage Convention）を設け、その中で世界遺産リストの登録基準、或は、危機にさらされている世界遺産リストの登録基準や世界遺産基金の運用などについて細かく定めている。

④ 世界遺産条約の成立の経緯とその後の展開

1872年	アメリカ合衆国が、世界で最初の国立公園法を制定。イエローストーンが世界最初の国立公園になる。
1948年	IUCN（国際自然保護連合）が発足。
1954年	ハーグで「軍事紛争における文化財の保護のための条約」を採択。
1959年	アスワン・ハイ・ダムの建設（1970年完成）でナセル湖に水没する危機にさらされたエジプトのヌビア遺跡群の救済を目的としたユネスコの国際的キャンペーン。文化遺産保護に関する条約の草案づくりを開始。
〃	ICCROM（文化財保存修復研究国際センター）が発足。
1962年	IUCN第1回世界公園会議、アメリカのシアトルで開催、「国連保護地域リスト」（United Nations List of Protected Areas）の整備。
1960年代半ば	アメリカ合衆国や国連環境会議などを中心にした自然遺産保護に関する条約の模索と検討。
1964年	ヴェネツィア憲章採択。
1965年	ICOMOS（国際記念物遺跡会議）が発足。
1965年	米国ホワイトハウス国際協力市民会議「世界遺産トラスト」（World Heritage Trust）の提案。
1966年	スイス・ルッツェルンでの第9回IUCN・国際自然保護連合の総会において、世界的な価値のある自然地域の保護のための基金の創設について議論。
1967年	アムステルダムで開催された国際会議で、アメリカ合衆国が自然遺産と文化遺産を総合的に保全するための「世界遺産トラスト」を設立することを提唱。
1970年	「文化財の不正な輸入、輸出、および所有権の移転を禁止、防止する手段に関する条約」を採択。
1971年	ニクソン大統領、1972年のイエローストーン国立公園100周年を記念し、「世界遺産トラスト」を提案（ニクソン政権に関するメッセージ）、この後、IUCN（国際自然保護連合）とユネスコが世界遺産の概念を具体化するべく世界遺産条約の草案を作成。
〃	ユネスコとICOMOS（国際記念物遺跡会議）による「普遍的価値を持つ記念物、建造物群、遺跡の保護に関する条約案」提示。
1972年	ユネスコはアメリカの提案を受けて、自然・文化の両遺産を統合するための専門家会議を開催、これを受けて両草案はひとつにまとめられた。
〃	ストックホルムで開催された国連人間環境会議で条約の草案報告。
〃	パリで開催された第17回ユネスコ総会において採択。
1975年	世界の文化遺産及び自然遺産の保護に関する条約発効。
1977年	第1回世界遺産委員会がパリにて開催される。
1978年	第2回世界遺産委員会がワシントンにて開催される。イエローストーン、メサ・ヴェルデ、ナハニ国立公園、ランゾーメドーズ国立歴史公園、ガラパゴス諸島、キト、アーヘン大聖堂、ヴィエリチカ塩坑、クラクフの歴史地区、シミエン国立公園、ラリベラの岩の教会、ゴレ島の12物件が初の世界遺産として登録される。（自然遺産4　文化遺産8）
1989年	日本政府、日本信託基金をユネスコに設置。
1992年	ユネスコ事務局長、ユネスコ世界遺産センターを設立。
1996年	IUCN第1回世界自然保護会議、カナダのモントリオールで開催。
2000年	ケアンズ・デシジョンを採択。
2002年	国連文化遺産年。
〃	ブダペスト宣言採択。
〃	世界遺産条約採択30周年。
2004年	蘇州デシジョンを採択。
2006年	無形遺産の保護に関する条約が発効。

〃	ユネスコ創設60周年。
2007年	文化的表現の多様性の保護および促進に関する条約が発効。
2009年	水中文化遺産保護に関する条約が発効。
2011年	第18回世界遺産条約締約国総会で「世界遺産条約履行の為の戦略的行動計画2012～2022」を決議。
2012年	世界遺産条約採択40周年記念行事 メイン・テーマ「世界遺産と持続可能な発展：地域社会の役割」
2015年	平和の大切さを再認識する為の「世界遺産に関するボン宣言」を採択。
2016年10月24～26日	第40回世界遺産委員会イスタンブール会議は、不測の事態で3日間中断、未審議となっていた登録範囲の拡大など境界変更の申請、オペレーショナル・ガイドラインズの改訂など懸案事項の審議を、パリのユネスコ本部で再開。
2017年	世界遺産条約締約国数　193か国（8月現在）
2017年10月5～6日	ドイツのハンザ都市リューベックで第3回ヨーロッパ世界遺産協会の会議。
2018年9月10日	「モスル精神の復活：モスル市の復興の為の国際会議」をユネスコ本部で開催。
2020年6月～7月	第44回世界遺産委員会福州会議から、新登録に関わる登録推薦件数は1国1件、審査件数の上限は35になる。
2022年	世界遺産条約採択50周年
2030年	持続可能な開発目標（SDGs）17ゴール

5 世界遺産条約の理念と目的

「顕著な普遍的価値」（Outstanding Universal Value）を有する自然遺産および文化遺産を人類全体のための世界遺産として、破壊、損傷等の脅威から保護・保存することが重要であるとの観点から、国際的な協力および援助の体制を確立することを目的としている。

6 世界遺産条約の主要規定

- 保護の対象は、遺跡、建造物群、記念工作物、自然の地域等で普遍的価値を有するもの（第1～3条）。
- 締約国は、自国内に存在する遺産を保護する義務を認識し、最善を尽くす（第4条）。
  また、自国内に存在する遺産については、保護に協力することが国際社会全体の義務であることを認識する（第6条）。
- 「世界遺産委員会」（委員国は締約国から選出）の設置（第8条）。「世界遺産委員会」は、各締約国が推薦する候補物件を審査し、その結果に基づいて「世界遺産リスト」、また、大規模災害、武力紛争、各種開発事業、それに、自然環境の悪化などの事由で、極度な危機にさらされ緊急の救済措置が必要とされる物件は「危機にさらされている世界遺産リスト」を作成する。（第11条）。
- 締約国からの要請に基づき、「世界遺産リスト」に登録された物件の保護のための国際的援助の供与を決定する。同委員会の決定は、出席しかつ投票する委員国の2／3以上の多数による議決で行う（第13条）。
- 締約国の分担金（ユネスコ分担金の1％を超えない額）、および任意拠出金、その他の寄付金等を財源とする、「世界遺産」のための「世界遺産基金」を設立（第15条、第16条）。
- 「世界遺産委員会」が供与する国際的援助は、調査・研究、専門家派遣、研修、機材供与、資金協力等の形をとる（第22条）。
- 締約国は、自国民が「世界遺産」を評価し尊重することを強化するための教育・広報活動に努める（第27条）。

7 世界遺産条約の事務局と役割

ユネスコ世界遺産センター（UNESCO World Heritage Centre）
　所長：メヒティルト・ロスラー氏（Dr. Mechtild Rössler　2015年9月〜
　　　　（専門分野　文化・自然遺産、計画史、文化地理学、地球科学など
　　　　1991年からユネスコに奉職、1992年からユネスコ世界遺産センター、
　　　　2003年から副所長を経て現職、文化局・文化遺産部長兼務　ドイツ出身）
7 place de Fontenoy　75352 Paris 07 SP France　TEL 33-1-45681889　Fax 33-1-45685570
電子メール：wh-info@unesco.org　インターネット：http://www.unesco.org/whc

ユネスコ世界遺産センターは1992年にユネスコ事務局長によって設立され、ユネスコの組織では、現在、文化セクターに属している。スタッフ数、組織、主な役割と仕事は、次の通り。

＜スタッフ数＞　約60名

＜組織＞
　自然遺産課、政策、法制整備課、促進・広報・教育課、アフリカ課、アラブ諸国課、
　アジア・太平洋課、ヨーロッパ課、ラテンアメリカ・カリブ課、世界遺産センター事務部

＜主な役割と仕事＞
● 世界遺産ビューロー会議と世界遺産委員会の運営
● 締結国に世界遺産を推薦する準備のためのアドバイス
● 技術的な支援の管理
● 危機にさらされた世界遺産への緊急支援
● 世界遺産基金の運営
● 技術セミナーやワークショップの開催
● 世界遺産リストやデータベースの作成
● 世界遺産の理念を広報するための教育教材の開発。

＜ユネスコ世界遺産センターの歴代所長＞
　　　　　　　　　　　　　　　　　　　　　　　　出身国　　　　　在任期間
● バーン・フォン・ドロステ（Bernd von Droste）　　ドイツ　　　　1992年〜1999年
● ムニール・ブシュナキ（Mounir Bouchenaki）　　　アルジェリア　1999年〜2000年
● フランチェスコ・バンダリン（Francesco Bandarin）イタリア　　　2000年9月〜2010年
● キショール・ラオ（Kishore Rao）　　　　　　　　インド　　　　2011年3月〜2015年8月
● メヒティルト・ロスラー（Mechtild Rossler）　　　ドイツ　　　　2015年9月〜

8 世界遺産条約の締約国（193の国と地域）と世界遺産の数（167の国と地域　1121物件）

　2019年12月現在、167の国と地域1121件（**自然遺産**　213件、**文化遺産**　869件、**複合遺産**　39件）が、このリストに記載されている。また、大規模災害、武力紛争、各種開発事業、それに、自然環境の悪化などの事由で、極度な危機にさらされ緊急の救済措置が必要とされる物件は「**危機にさらされている世界遺産リスト**」（略称　危機遺産リスト　本書では、★**【危機遺産】**と表示）に登録され、2019年12月現在、53件(34の国と地域)が登録されている。

＜地域別・世界遺産条約締約日順＞　※地域分類は、ユネスコ世界遺産センターの分類に準拠。

ユネスコ世界遺産の概要

<アフリカ> 締約国（46か国） ※国名の前の番号は、世界遺産条約の締約順。

	国　名	世界遺産条約締約日	自然遺産	文化遺産	複合遺産	合計	【うち危機遺産】
8	コンゴ民主共和国	1974年 9月23日 批准 (R)	5	0	0	5	(5)
9	ナイジェリア	1974年10月23日 批准 (R)	0	2	0	2	(0)
10	ニジェール	1974年12月23日 受諾 (Ac)	2*㉟	1	0	3	(1)
16	ガーナ	1975年 7月 4日 批准 (R)	0	2	0	2	(0)
21	セネガル	1976年 2月13日 批准 (R)	2	5*⑱	0	7	(1)
27	マリ	1977年 4月 5日 受諾 (Ac)	0	3	1	4	(3)
30	エチオピア	1977年 7月 6日 批准 (R)	1	8	0	9	(0)
31	タンザニア	1977年 8月 2日 批准 (R)	3	3	1	7	(0)
44	ギニア	1979年 3月18日 批准 (R)	1*②	0	0	1	(1)
51	セイシェル	1980年 4月 9日 受諾 (Ac)	2	0	0	2	(0)
55	中央アフリカ	1980年12月22日 批准 (R)	2*㉖	0	0	2	(0)
56	コートジボワール	1981年 1月 9日 批准 (R)	3*②	1	0	4	(0)
61	マラウイ	1982年 1月 5日 批准 (R)	1	1	0	2	(0)
64	ブルンディ	1982年 5月19日 批准 (R)	0	0	0	0	(0)
65	ベナン	1982年 6月14日 批准 (R)	1*㉟	1	0	2	(0)
66	ジンバブエ	1982年 8月16日 批准 (R)	2*①	3	0	5	(0)
68	モザンビーク	1982年11月27日 批准 (R)	0	1	0	1	(0)
69	カメルーン	1982年12月 7日 批准 (R)	2*㉖	0	0	2	(0)
74	マダガスカル	1983年 7月19日 批准 (R)	2	1	0	3	(1)
80	ザンビア	1984年 6月 4日 批准 (R)	1*①	0	0	1	(0)
90	ガボン	1986年12月30日 批准 (R)	0	0	1	1	(0)
93	ブルキナファソ	1987年 4月 2日 批准 (R)	1*㉟	2	0	3	(0)
94	ガンビア	1987年 7月 1日 批准 (R)	0	2*⑱	0	2	(0)
97	ウガンダ	1987年11月20日 受諾 (Ac)	2	1	0	3	(1)
98	コンゴ	1987年12月10日 批准 (R)	1*㉖	0	0	1	(0)
100	カーボヴェルデ	1988年 4月28日 受諾 (Ac)	0	1	0	1	(0)
115	ケニア	1991年 6月 5日 受諾 (Ac)	3	4	0	7	(0)
120	アンゴラ	1991年11月 7日 批准 (R)	0	1	0	1	(0)
143	モーリシャス	1995年 9月19日 批准 (R)	0	2	0	2	(0)
149	南アフリカ	1997年 7月10日 批准 (R)	4	5	1*㉘	10	(0)
152	トーゴ	1998年 4月15日 受諾 (Ac)	0	1	0	1	(0)
155	ボツワナ	1998年11月23日 受諾 (Ac)	1	1	0	2	(0)
156	チャド	1999年 6月23日 批准 (R)	1	0	1	2	(0)
158	ナミビア	2000年 4月 6日 受諾 (Ac)	1	1	0	2	(0)
160	コモロ	2000年 9月27日 批准 (R)	0	0	0	0	(0)
161	ルワンダ	2000年12月28日 受諾 (Ac)	0	0	0	0	(0)
167	エリトリア	2001年10月24日 受諾 (Ac)	0	1	0	1	(0)
168	リベリア	2002年 3月28日 受諾 (Ac)	0	0	0	0	(0)
177	レソト	2003年11月25日 受諾 (Ac)	0	0	1*㉘	1	(0)
179	シエラレオネ	2005年 1月 7日 批准 (R)	0	0	0	0	(0)
181	スワジランド	2005年11月30日 批准 (R)	0	0	0	0	(0)
182	ギニア・ビサウ	2006年 1月28日 批准 (R)	0	0	0	0	(0)
184	サントメ・プリンシペ	2006年 7月25日 批准 (R)	0	0	0	0	(0)
185	ジブチ	2007年 8月30日 批准 (R)	0	0	0	0	(0)
187	赤道ギニア	2010年 3月10日 批准 (R)	0	0	0	0	(0)
192	南スーダン	2016年 3月 9日 批准 (R)	0	0	0	0	(0)
	合計	35か国	38	53	5	96	(15)
	（ ）内は複数国にまたがる物件		(4)	(1)	(1)	(6)	(1)

<アラブ諸国>締約国（19の国と地域）

※国名の前の番号は、世界遺産条約の締約順。

国名	世界遺産条約締約日	自然遺産	文化遺産	複合遺産	合計	【うち危機遺産】
2 エジプト	1974年 2月 7日 批准 (R)	1	6	0	7	(1)
3 イラク	1974年 3月 5日 受諾 (Ac)	0	5	1	6	(3)
5 スーダン	1974年 6月 6日 批准 (R)	1	2	0	3	(0)
6 アルジェリア	1974年 6月24日 批准 (R)	0	6	1	7	(0)
12 チュニジア	1975年 3月10日 批准 (R)	1	7	0	8	(0)
13 ヨルダン	1975年 5月 5日 批准 (R)	0	5	0	6	(1)
17 シリア	1975年 8月13日 受諾 (Ac)	0	6	0	6	(6)
20 モロッコ	1975年10月28日 批准 (R)	0	9	0	9	(0)
38 サウジアラビア	1978年 8月 7日 受諾 (Ac)	0	5	0	5	(0)
40 リビア	1978年10月13日 批准 (R)	0	5	0	5	(5)
54 イエメン	1980年10月 7日 批准 (R)	1	3	0	4	(3)
57 モーリタニア	1981年 3月 2日 批准 (R)	1	1	0	2	(0)
60 オマーン	1981年10月 6日 受諾 (Ac)	0	5	0	5	(0)
70 レバノン	1983年 2月 3日 批准 (R)	0	5	0	5	(0)
81 カタール	1984年 9月12日 受諾 (Ac)	0	1	0	1	(0)
114 バーレーン	1991年 5月28日 批准 (R)	0	3	0	3	(0)
163 アラブ首長国連邦	2001年 5月11日 加入 (A)	0	1	0	1	(0)
171 クウェート	2002年 6月 6日 批准 (R)	0	0	0	0	(0)
189 パレスチナ	2011年12月 8日 批准 (R)	0	3	0	3	(3)
合計	18の国と地域	5	78	3	86	(22)

<アジア・太平洋>締約国（44か国）

※国名の前の番号は、世界遺産条約の締約順。

国名	世界遺産条約締約日	自然遺産	文化遺産	複合遺産	合計	【うち危機遺産】
7 オーストラリア	1974年 8月22日 批准 (R)	12	4	4	20	(0)
11 イラン	1975年 2月26日 受諾 (Ac)	2	22	0	24	(0)
24 パキスタン	1976年 7月23日 批准 (R)	0	6	0	6	(0)
34 インド	1977年11月14日 批准 (R)	8	29 *33	1	38	(0)
36 ネパール	1978年 6月20日 批准 (R)	2	2	0	4	(0)
45 アフガニスタン	1979年 3月20日 批准 (R)	0	2	0	2	(2)
52 スリランカ	1980年 6月 6日 受諾 (Ac)	2	6	0	8	(0)
75 バングラデシュ	1983年 8月 3日 受諾 (Ac)	1	2	0	3	(0)
82 ニュージーランド	1984年11月22日 批准 (R)	2	0	1	3	(0)
86 フィリピン	1985年 9月19日 批准 (R)	3	3	0	6	(0)
87 中国	1985年12月12日 批准 (R)	14	37 *30	4	55	(0)
88 モルジブ	1986年 5月22日 受諾 (Ac)	0	0	0	0	(0)
92 ラオス	1987年 3月20日 批准 (R)	0	3	0	3	(0)
95 タイ	1987年 9月17日 受諾 (Ac)	2	3	0	5	(0)
96 ヴェトナム	1987年10月19日 受諾 (Ac)	2	5	1	8	(0)
101 韓国	1988年 9月14日 受諾 (Ac)	1	13	0	14	(0)
105 マレーシア	1988年12月 7日 批准 (R)	2	2	0	4	(0)
107 インドネシア	1989年 7月 6日 受諾 (Ac)	4	5	0	9	(1)
109 モンゴル	1990年 2月 2日 受諾 (Ac)	2 *13 37	3	0	5	(0)
113 フィジー	1990年11月21日 批准 (R)	0	1	0	1	(0)
121 カンボジア	1991年11月28日 受諾 (Ac)	0	3	0	3	(0)
123 ソロモン諸島	1992年 6月10日 加入 (A)	1	0	0	1	(1)
124 日本	1992年 6月30日 受諾 (Ac)	4	19 *33	0	23	(0)
127 タジキスタン	1992年 8月28日 承継の通告 (S)	1	1	0	2	(0)

ユネスコ世界遺産の概要

	国名	世界遺産条約締約日		自然遺産	文化遺産	複合遺産	合計	【うち危機遺産】
131	ウズベキスタン	1993年 1月13日	承継の通告(S)	1*[32]	4	0	5	(1)
137	ミャンマー	1994年 4月29日	受諾 (Ac)	0	2	0	2	(0)
138	カザフスタン	1994年 4月29日	受諾 (Ac)	2*[32]	3*[30]	0	5	(0)
139	トルクメニスタン	1994年 9月30日	承継の通告(S)	0	3	0	3	(0)
142	キルギス	1995年 7月 3日	受諾 (Ac)	1*[32]	2*[30]	0	3	(0)
150	パプア・ニューギニア	1997年 7月28日	受諾 (Ac)	0	1	0	1	(0)
153	朝鮮民主主義人民共和国	1998年 7月21日	受諾 (Ac)	0	2	0	2	(0)
159	キリバス	2000年 5月12日	受諾 (Ac)	1	0	0	1	(0)
162	ニウエ	2001年 1月23日	受諾 (Ac)	0	0	0	0	(0)
164	サモア	2001年 8月28日	受諾 (Ac)	0	0	0	0	(0)
166	ブータン	2001年10月22日	批准 (R)	0	0	0	0	(0)
170	マーシャル諸島	2002年 4月24日	受諾 (Ac)	0	1	0	1	(0)
172	パラオ	2002年 6月11日	受諾 (Ac)	0	0	1	1	(0)
173	ヴァヌアツ	2002年 6月13日	批准 (R)	0	1	0	1	(0)
174	ミクロネシア連邦	2002年 7月22日	受諾 (Ac)	0	1	0	1	(1)
178	トンガ	2004年 4月30日	受諾 (Ac)	0	0	0	0	(0)
186	クック諸島	2009年 1月16日	批准 (R)	0	0	0	0	(0)
188	ブルネイ	2011年 8月12日	批准 (R)	0	0	0	0	(0)
190	シンガポール	2012年 6月19日	批准 (R)	0	1	0	1	(0)
193	東ティモール	2016年10月31日	批准 (R)	0	0	0	0	(0)
	合計	36か国		67	189	12	268	(6)
		( )内は複数国にまたがる物件		(3)	(2)		(5)	

<ヨーロッパ・北米>締約国(51か国) ※国名の前の番号は、世界遺産条約の締約順。

	国名	世界遺産条約締約日		自然遺産	文化遺産	複合遺産	合計	【うち危機遺産】
1	アメリカ合衆国	1973年12月 7日	批准 (R)	12*[6][7]	11	1	24	(1)
4	ブルガリア	1974年 3月 7日	受諾 (Ac)	3*[20]	7	0	10	(0)
15	フランス	1975年 6月27日	受諾 (Ac)	5	39*[15][25][33]	1*[10]	45	(0)
18	キプロス	1975年 8月14日	受諾 (Ac)	0	3	0	3	(0)
19	スイス	1975年 9月17日	批准 (R)	3*[23]	9*[21][25][33]	0	12	(0)
22	ポーランド	1976年 6月29日	批准 (R)	1*[3]	15*[14][29]	0	16	(0)
23	カナダ	1976年 7月23日	受諾 (Ac)	10*[6][7]	9	1	20	(0)
25	ドイツ	1976年 8月23日	批准 (R)	3*[20][22]	43*[14][16][25][33]	0	46	(0)
28	ノルウェー	1977年 5月12日	批准 (R)	1	7*[17]	0	8	(0)
37	イタリア	1978年 6月23日	批准 (R)	5*[20][23]	50*[5][21][25][36]	0	55	(0)
41	モナコ	1978年11月 7日	批准 (R)	0	0	0	0	(0)
42	マルタ	1978年11月14日	受諾 (Ac)	0	3	0	3	(0)
47	デンマーク	1979年 7月25日	批准 (R)	3*[22]	7	0	10	(0)
53	ポルトガル	1980年 9月30日	批准 (R)	1	16*[24]	0	17	(0)
59	ギリシャ	1981年 7月17日	批准 (R)	0	16	2	18	(0)
63	スペイン	1982年 5月 4日	受諾 (Ac)	4*[20]	42*[24][27]	2*[10]	48	(0)
67	ヴァチカン	1982年10月 7日	加入 (A)	0	2*[5]	0	2	(0)
71	トルコ	1983年 3月16日	批准 (R)	0	16	2	18	(0)
76	ルクセンブルク	1983年 9月28日	批准 (R)	0	1	0	1	(0)
79	英国	1984年 5月29日	批准 (R)	4	27*[16]	1	32	(1)
83	スウェーデン	1985年 1月22日	批准 (R)	1*[19]	13*[17]	1	15	(0)
85	ハンガリー	1985年 7月15日	受諾 (Ac)	1*[4]	7*[12]	0	8	(0)
91	フィンランド	1987年 3月 4日	批准 (R)	1*[19]	6*[17]	0	7	(0)
102	ベラルーシ	1988年10月12日	批准 (R)	1*[3]	3*[17]	0	4	(0)

世界遺産ガイド－モンゴル編－

ユネスコ世界遺産の概要

	国名	世界遺産条約締約日		自然遺産	文化遺産	複合遺産	合計	【うち危機遺産】
103	ロシア連邦	1988年10月12日	批准 (R)	11*[13]	18*[11][17]	0	29	(0)
104	ウクライナ	1988年10月12日	批准 (R)	1*[20]	5*[17][29]	0	6	(0)
108	アルバニア	1989年 7月10日	批准 (R)	1*[20]	2	1	4	(0)
110	ルーマニア	1990年 5月16日	受諾 (Ac)	2*[20]	6	0	8	(0)
116	アイルランド	1991年 9月16日	批准 (R)	0	2	0	2	(0)
119	サン・マリノ	1991年10月18日	批准 (R)	0	1	0	1	(0)
122	リトアニア	1992年 3月31日	受諾 (Ac)	0	4*[11][17]	0	4	(0)
125	クロアチア	1992年 7月 6日	承継の通告 (S)	2*[20]	8*[34][36]	0	10	(0)
126	オランダ	1992年 8月26日	受諾 (Ac)	1*[22]	9	0	10	(0)
128	ジョージア	1992年11月 4日	承継の通告 (S)	0	3	0	3	(0)
129	スロヴェニア	1992年11月 5日	承継の通告 (S)	2*[20]	2*[25][27]	0	4	(0)
130	オーストリア	1992年12月18日	批准 (R)	1*[20]	9*[12][25]	0	10	(1)
132	チェコ	1993年 3月26日	承継の通告 (S)	0	14	0	14	(0)
133	スロヴァキア	1993年 3月31日	承継の通告 (S)	2*[4][20]	5	0	7	(0)
134	ボスニア・ヘルツェゴヴィナ	1993年 7月12日	承継の通告 (S)	0	3*[34]	0	3	(0)
135	アルメニア	1993年 9月 5日	承継の通告 (S)	0	3	0	3	(0)
136	アゼルバイジャン	1993年12月16日	批准 (R)	0	3	0	3	(0)
140	ラトヴィア	1995年 1月10日	受諾 (Ac)	0	2*[17]	0	2	(0)
144	エストニア	1995年10月27日	批准 (R)	0	2*[17]	0	2	(0)
145	アイスランド	1995年12月19日	批准 (R)	2	1	0	3	(0)
146	ベルギー	1996年 7月24日	批准 (R)	1*[20]	12*[15][33]	0	13	(0)
147	アンドラ	1997年 1月 3日	受諾 (Ac)	0	1	0	1	(0)
148	北マケドニア	1997年 4月30日	承継の通告 (S)	0	0	1	1	(0)
157	イスラエル	1999年10月 6日	受諾 (Ac)	0	9	0	9	(0)
165	セルビア	2001年 9月11日	承継の通告 (S)	0	5*[34]	0	5	(1)
175	モルドヴァ	2002年 9月23日	批准 (R)	0	1*[17]	0	1	(0)
183	モンテネグロ	2006年 6月 3日	承継の通告 (S)	1	3*[34][36]	0	4	(0)
	合計	50か国		67	451	11	529	(4)
	( )内は複数国にまたがる物件			(10)	(15)	(1)	(26)	

＜ラテンアメリカ・カリブ＞締約国（33か国）
※国名の前の番号は、世界遺産条約の締約順。

	国名	世界遺産条約締約日		自然遺産	文化遺産	複合遺産	合計	【うち危機遺産】
14	エクアドル	1975年 6月16日	受諾 (Ac)	2	3*[31]	0	5	(0)
26	ボリヴィア	1976年10月 4日	批准 (R)	1	6*[31]	0	7	(1)
29	ガイアナ	1977年 6月20日	批准 (R)	0	0	0	0	(0)
32	コスタリカ	1977年 8月23日	批准 (R)	3*[8]	1	0	4	(0)
33	ブラジル	1977年 9月 1日	受諾 (Ac)	7	14*[9]	1	22	(0)
35	パナマ	1978年 3月 3日	批准 (R)	3*[8]	2	0	5	(1)
39	アルゼンチン	1978年 8月23日	受諾 (Ac)	5	6*[9][31][33]	0	11	(0)
43	グアテマラ	1979年 1月16日	批准 (R)	0	2	1	3	(0)
46	ホンジュラス	1979年 6月 8日	批准 (R)	1	1	0	2	(1)
48	ニカラグア	1979年12月17日	受諾 (Ac)	0	2	0	2	(0)
49	ハイチ	1980年 1月18日	批准 (R)	0	1	0	1	(0)
50	チリ	1980年 2月20日	批准 (R)	0	6*[31]	0	6	(1)
58	キューバ	1981年 3月24日	批准 (R)	2	7	0	9	(0)
62	ペルー	1982年 2月24日	批准 (R)	2	8*[31]	2	12	(1)
72	コロンビア	1983年 5月24日	受諾 (Ac)	2	6*[31]	1	9	(0)
73	ジャマイカ	1983年 6月14日	受諾 (Ac)	0	0	1	1	(0)
77	アンチグア・バーブーダ	1983年11月 1日	受諾 (Ac)	0	1	0	1	(0)

シンクタンクせとうち総合研究機構

No.	国名	日付	種別	自然	文化	複合	合計	(危機)
78	メキシコ	1984年 2月23日	受諾 (Ac)	6	27	2	35	(1)
84	ドミニカ共和国	1985年 2月12日	批准 (R)	0	1	0	1	(0)
89	セントキッツ・ネイヴィース	1986年 7月10日	受諾 (Ac)	0	1	0	1	(0)
99	パラグアイ	1988年 4月27日	批准 (R)	0	1	0	1	(0)
106	ウルグアイ	1989年 3月 9日	受諾 (Ac)	0	2	0	2	(0)
111	ヴェネズエラ	1990年10月30日	受諾 (Ac)	1	2	0	3	(1)
112	ベリーズ	1990年11月 6日	批准 (R)	1	0	0	1	
117	エルサルバドル	1991年10月 8日	受諾 (Ac)	0	1	0	1	
118	セントルシア	1991年10月14日	批准 (R)	1	0	0	1	
141	ドミニカ国	1995年 4月 4日		1	0	0	1	
151	スリナム	1997年10月23日	受諾 (Ac)	1	1	0	2	
154	グレナダ	1998年 8月13日	受諾 (Ac)					
169	バルバドス	2002年 4月 9日	受諾 (Ac)	0	1	0	1	
176	セント・ヴィンセントおよびグレナディーン諸島	2003年 2月 3日	批准 (R)					
180	トリニダード・トバコ	2005年 2月16日	批准 (R)					
191	バハマ	2014年 5月15日	批准 (R)	0	0	0	0	
	合計	28か国		38	97	7	142	(8)
	( )内は複数国にまたがる物件			(1)	(3)		(4)	

			自然遺産	文化遺産	複合遺産	合計	【うち危機遺産】
総合計	167の国と地域		213	869	39	1121	(53)
	( )内は、複数国にまたがる物件の数		(16)	(20)	(3)	(39)	(1)

(注)「批准」とは、いったん署名された条約を、署名した国がもち帰って再検討し、その条約に拘束されることについて、最終的、かつ、正式に同意すること。批准された条約は、批准書を寄託者に送付することによって正式に効力をもつ。多数国条約の寄託者は、それぞれの条約で決められるが、世界遺産条約は、国連教育科学文化機関(ユネスコ)事務局長を寄託者としている。「批准」、「受諾」、「加入」のどの手続きをとる場合でも、「条約に拘束されることについての国の同意」としての効果は同じだが、手続きの複雑さが異なる。この条約の場合、「批准」、「受諾」は、ユネスコ加盟国がこの条約に拘束されることに同意する場合、「加入」は、ユネスコ非加盟国が同意する場合にそれぞれ用いる手続き。「批准」と他の2つの最大の違いは、わが国の場合、天皇による認証という手順を踏むこと。「受諾」、「承認」、「加入」の3つは、手続的には大きな違いはなく、基本的には寄託する文書の書式、タイトルが違うだけである。

(注) ＊複数国にまたがる世界遺産

①モシ・オア・トゥニャ(ヴィクトリア瀑布)	自然遺産	ザンビア、ジンバブエ	
②ニンバ山厳正自然保護区	自然遺産	ギニア、コートジボワール	★【危機遺産】
③ビャウォヴィエジャ森林	自然遺産	ベラルーシ、ポーランド	
④アグテレック・カルストとスロヴァキア・カルストの鍾乳洞群	自然遺産	ハンガリー、スロヴァキア	
⑤ローマ歴史地区、教皇領とサンパオロ・フォーリ・レ・ムーラ大聖堂	文化遺産	イタリア、ヴァチカン	
⑥クルエーン／ランゲルーセントエライアス／グレーシャーベイ／タッシェンシニ・アルセク	自然遺産	カナダ、アメリカ合衆国	
⑦ウォータートン・グレーシャー国際平和自然公園	自然遺産	カナダ、アメリカ合衆国	
⑧タラマンカ地方－ラ・アミスター保護区群／ラ・アミスター国立公園	自然遺産	コスタリカ、パナマ	
⑨グアラニー人のイエズス会伝道所	文化遺産	アルゼンチン、ブラジル	
⑩ピレネー地方－ペルデュー山	複合遺産	フランス、スペイン	
⑪クルシュ砂州	文化遺産	リトアニア、ロシア連邦	
⑫フェルトゥー・ノイジィードラーゼーの文化的景観	文化遺産	オーストリア、ハンガリー	
⑬ウフス・ヌール盆地	自然遺産	モンゴル、ロシア連邦	
⑭ムスカウ公園／ムザコフスキー公園	文化遺産	ドイツ、ポーランド	

ユネスコ世界遺産の概要

⑮ベルギーとフランスの鐘楼群	文化遺産	ベルギー、フランス	
⑯ローマ帝国の国境界線	文化遺産	英国、ドイツ	
⑰シュトルーヴェの測地弧	文化遺産	ノルウェー、スウェーデン、フィンランド、エストニア、ラトヴィア、リトアニア、ロシア連邦、ベラルーシ、ウクライナ、モルドヴァ	
⑱セネガンビアの環状列石群	文化遺産	ガンビア、セネガル	
⑲ハイ・コースト/クヴァルケン群島	自然遺産	スウェーデン、フィンランド	
⑳カルパチア山脈とヨーロッパの他の地域の原生ブナ林群	自然遺産	ウクライナ、スロヴァキア、ドイツ、アルバニア、オーストリア、ベルギー、ブルガリア、クロアチア、イタリア、ルーマニア、スロヴェニア、スペイン	
㉑レーティシェ鉄道アルブラ線とベルニナ線の景観群	文化遺産	イタリア、スイス	
㉒ワッデン海	自然遺産	ドイツ、オランダ	
㉓モン・サン・ジョルジオ	自然遺産	イタリア、スイス	
㉔コア渓谷とシエガ・ヴェルデの先史時代の岩壁画	文化遺産	ポルトガル、スペイン	
㉕アルプス山脈周辺の先史時代の杭上住居群	文化遺産	スイス、オーストリア、フランス、ドイツ、イタリア、スロヴェニア	
㉖サンガ川の三か国流域	自然遺産	コンゴ、カメルーン、中央アフリカ	
㉗水銀の遺産、アルマデン鉱山とイドリャ鉱山	文化遺産	スペイン、スロヴェニア	
㉘マロティ-ドラケンスバーグ公園	複合遺産	南アフリカ、レソト	
㉙ポーランドとウクライナのカルパチア地方の木造教会群	文化遺産	ポーランド、ウクライナ	
㉚シルクロード:長安・天山回廊の道路網	文化遺産	カザフスタン、キルギス、中国	
㉛カパック・ニャン、アンデス山脈の道路網	文化遺産	コロンビア、エクアドル、ペルー、ボリヴィア、チリ、アルゼンチン	
㉜西天山	自然遺産	カザフスタン、キルギス、ウズベキスタン	
㉝ル・コルビュジエの建築作品-近代化運動への顕著な貢献	文化遺産	フランス、スイス、ベルギー、ドイツ、インド、日本、アルゼンチン	
㉞ステチェツィの中世の墓碑群	文化遺産	ボスニア・ヘルツェゴヴィナ、クロアチア、セルビア、モンテネグロ	
㉟W・アルリ・ペンジャリ国立公園遺産群	自然遺産	ニジェール、ベナン、ブルキナファソ	
㊱16~17世紀のヴェネツィアの防衛施設群:スタート・ダ・テーラ-西スタート・ダ・マール	文化遺産	イタリア、クロアチア、モンテネグロ	
㊲ダウリアの景観群	自然遺産	モンゴル、ロシア連邦	
㊳オフリッド地域の自然・文化遺産	複合遺産	北マケドニア、アルバニア	
㊴エルツ山地の鉱山地域	文化遺産	チェコ、ドイツ	

⑨ **世界遺産条約締約国総会の開催歴**

回　次	開催都市(国名)	開催期間
第1回	ナイロビ(ケニア)	1976年11月26日
第2回	パリ(フランス)	1978年11月24日
第3回	ベオグラード(ユーゴスラヴィア)	1980年10月 7日
第4回	パリ(フランス)	1983年10月28日
第5回	ソフィア(ブルガリア)	1985年11月 4日
第6回	パリ(フランス)	1987年10月30日
第7回	パリ(フランス)	1989年11月 9日~11月13日
第8回	パリ(フランス)	1991年11月 2日
第9回	パリ(フランス)	1993年10月29日~10月30日

第10回	パリ（フランス）		1995年11月 2日〜11月 3日
第11回	パリ（フランス）		1997年10月27日〜10月28日
第12回	パリ（フランス）		1999年10月28日〜10月29日
第13回	パリ（フランス）		2001年11月 6日〜11月 7日
第14回	パリ（フランス）		2003年10月14日〜10月15日
第15回	パリ（フランス）		2005年10月10日〜10月11日
第16回	パリ（フランス）		2007年10月24日〜10月25日
第17回	パリ（フランス）		2009年10月23日〜10月28日
第18回	パリ（フランス）		2011年11月 7日〜11月 8日
第19回	パリ（フランス）		2013年11月19日〜11月21日
第20回	パリ（フランス）		2015年11月18日〜11月20日
第21回	パリ（フランス）		2017年11月14日〜11月15日
第22回	パリ（フランス）		2019年11月27日〜11月28日
臨　時			
第 1回	パリ（フランス）		2014年11月13日〜11月14日

10 世界遺産委員会

世界遺産条約第8条に基づいて設置された政府間委員会で、「世界遺産リスト」と「危機にさらされている世界遺産リスト」の作成、リストに登録された遺産の保全状態のモニター、世界遺産基金の効果的な運用の検討などを行う。

（世界遺産委員会における主要議題）

- ●定期報告（6年毎の地域別の世界遺産の状況、フォローアップ等）
- ●「危険にさらされている世界遺産リスト」に登録されている物件のその後の改善状況の報告、「世界遺産リスト」に登録されている物件のうちリアクティブ・モニタリングに基づく報告
- ●「世界遺産リスト」および「危険にさらされている世界遺産リスト」への登録物件の審議
  【新登録関係の世界遺産委員会の4つの決議区分】
  ① 登録（記載）（Inscription）　世界遺産リストに登録（記載）するもの。
  ② 情報照会（Referral）　追加情報の提出を求めた上で、次回以降の世界遺産委員会で再審議するもの。
  ③ 登録（記載）延期（Deferral）　より綿密な調査や登録推薦書類の抜本的な改定が必要なもの。登録推薦書類を再提出した後、約1年半をかけて再度、専門機関のIUCNやICOMOSの審査を受ける必要がある。
  ④ 不登録（不記載）（Decision not to inscribe）　登録（記載）にふさわしくないもの。例外的な場合を除いては、再度の登録推薦は不可。
- ●「世界遺産基金」予算の承認　と国際援助要請の審議
- ●グローバル戦略や世界遺産戦略の目標等の審議

11 世界遺産委員会委員国

世界遺産委員会委員国は、世界遺産条約締結国の中から、世界の異なる地域および文化が均等に代表される様に選ばれた、21か国によって構成される。任期は原則6年であるが、4年に短縮できる。2年毎に開かれる世界遺産条約締約国総会で改選される。世界遺産委員会ビューローは、毎年、世界遺産委員会によって選出された7か国（◎議長国 1、○副議長国 5、□ラポルチュール（報告担当国）1）によって構成される。2019年12月現在の世界遺産委員会の委員国は、下記の通り。

オーストラリア、バーレーン、ボスニア・ヘルツェゴヴィナ、ブラジル、中国、グアテマラ、ハンガリー、キルギス、ノルウェー、セントキッツ・ネイヴィース、スペイン、ウガンダ
 (任期 第41回ユネスコ総会の会期終了＜2021年11月頃＞まで)

エジプト、エチオピア、マリ、ナイジェリア、オマーン、タイ、ロシア連邦、サウジアラビア、南アフリカ
 (任期 第42回ユネスコ総会の会期終了＜2023年11月頃＞まで)

＜第44回世界遺産委員会＞
- ◎ 議長国 中国
  - 議長： 田学軍(H.E. Mr. Tian Xuejun) 中国教育部副部長
- ○ 副議長国 スペイン、ハンガリー、ブラジル、ウガンダ、バーレーン
- □ ラポルチュール(報告担当国) バーレーン ミレイ・ハサルタン・ウォシンスキー
  (Ms. Miray Hasaltun Wosinski)

＜第43回世界遺産委員会＞
- ◎ 議長国 アゼルバイジャン
  - 議長： アブルファス・ガライェフ (H.E. Mr. Abulfaz Garayev)
- ○ 副議長国 ノルウェー、ブラジル、インドネシア、ブルキナファソ、チュニジア
- □ ラポルチュール(報告担当国) オーストラリア マハニ・テイラー (Ms. Mahani Taylor)

＜第42回世界遺産委員会＞
- ◎ 議長国 バーレーン
  - 議長： シャイハ・ハヤ・ラシード・アル・ハリーファ氏(Sheikha Haya Rashed Al Khalifa) 国際法律家
- ○ 副議長国 アゼルバイジャン、ブラジル、中国、スペイン、ジンバブエ
- □ ラポルチュール(報告担当国) ハンガリー アンナ・E.ツァイヒナー(Ms.Anna E. Zeichner)

＜第41回世界遺産委員会ビューロー＞
- ◎ 議長国 ポーランド
  - 議長： ヤツェク・プルフラ氏 (Pro. Jacek Purchla)
    クラクフ国際文化センター所長、ポーランド・ユネスコ国内委員会会長
- ○ 副議長国 アンゴラ、クウェート、ペルー、ポルトガル、韓国
- □ ラポルチュール(報告担当国) タンザニア ムハマド・ジュマ氏 (Mr Muhammad Juma)

＜第40回世界遺産委員会ビューロー＞
- ◎ 議長国 トルコ
  - 議長： ラーレ・ウルケル氏 (Ms Lale Ülkerr) トルコ外務省海外広報・文化局長
- ○ 副議長国 レバノン、ペルー、フィリピン、ポーランド、タンザニア
- □ ラポルチュール(報告担当国) 韓国 チョ・ユジン女史 (Mrs Eugene JO)

＜第39回世界遺産委員会ビューロー＞
- ◎ 議長国 ドイツ
  - 議長： マリア・ベーマー 氏 (Maria Boehmer)
    Minister of State of the German Foreign Office
- ○ 副議長国 クロアチア、インド、ジャマイカ、カタール、セネガル
- □ ラポルチュール(報告担当国) レバノン (Mr.Hichan Cheaib氏)

＜第38回世界遺産委員会ビューロー＞
- ◎ 議長国 カタール
  - 議長： マル・マサヤ・ビント・ハマド・ビン・アル・サーニ閣下夫人
    (H.E.Sheika Al Mayasa Bint Hamad Al.Thani) カタール美術館局理事長
- ○ 副議長国 アルジェリア、コロンビア、日本、ドイツ、セネガル
- □ ラポルチュール(報告担当国) フランシスコ・J・グティエレス氏 (コロンビア)

⑫ 世界遺産委員会の開催歴

通 常

回次	開催都市（国名）	開催期間	登録物件数
第1回	パリ（フランス）	1977年 6月27日～ 7月 1日	0
第2回	ワシントン（アメリカ合衆国）	1978年 9月 5日～ 9月 8日	12
第3回	ルクソール（エジプト）	1979年10月22日～10月26日	45
第4回	パリ（フランス）	1980年 9月 1日～ 9月 5日	28
第5回	シドニー（オーストラリア）	1981年10月26日～10月30日	26
第6回	パリ（フランス）	1982年12月13日～12月17日	24
第7回	フィレンツェ（イタリア）	1983年12月 5日～12月 9日	29
第8回	ブエノスアイレス（アルゼンチン）	1984年10月29日～11月 2日	23
第9回	パリ（フランス）	1985年12月 2日～12月 6日	30
第10回	パリ（フランス）	1986年11月24日～11月28日	31
第11回	パリ（フランス）	1987年12月 7日～12月11日	41
第12回	ブラジリア（ブラジル）	1988年12月 5日～12月 9日	27
第13回	パリ（フランス）	1989年12月11日～12月15日	7
第14回	バンフ（カナダ）	1990年12月 7日～12月12日	17
第15回	カルタゴ（チュニジア）	1991年12月 9日～12月13日	22
第16回	サンタ・フェ（アメリカ合衆国）	1992年12月 7日～12月14日	20
第17回	カルタヘナ（コロンビア）	1993年12月 6日～12月11日	33
第18回	プーケット（タイ）	1994年12月12日～12月17日	29
第19回	ベルリン（ドイツ）	1995年12月 4日～12月 9日	29
第20回	メリダ（メキシコ）	1996年12月 2日～12月 7日	37
第21回	ナポリ（イタリア）	1997年12月 1日～12月 6日	46
第22回	京都（日本）	1998年11月30日～12月 5日	30
第23回	マラケシュ（モロッコ）	1999年11月29日～12月 4日	48
第24回	ケアンズ（オーストラリア）	2000年11月27日～12月 2日	61
第25回	ヘルシンキ（フィンランド）	2001年12月11日～12月16日	31
第26回	ブダペスト（ハンガリー）	2002年 6月24日～ 6月29日	9
第27回	パリ（フランス）	2003年 6月30日～ 7月 5日	24
第28回	蘇州（中国）	2004年 6月28日～ 7月 7日	34
第29回	ダーバン（南アフリカ）	2005年 7月10日～ 7月18日	24
第30回	ヴィリニュス（リトアニア）	2006年 7月 8日～ 7月16日	18
第31回	クライスト・チャーチ（ニュージーランド）	2007年 6月23日～ 7月 2日	22
第32回	ケベック（カナダ）	2008年 7月 2日～ 7月10日	27
第33回	セビリア（スペイン）	2009年 6月22日～ 6月30日	13
第34回	ブラジリア（ブラジル）	2010年 7月25日～ 8月 3日	21
第35回	パリ（フランス）	2011年 6月19日～ 6月29日	25
第36回	サンクトペテルブルク（ロシア連邦）	2012年 6月24日～ 7月 6日	26
第37回	プノンペン（カンボジア）	2013年 6月16日～ 6月27日	19
第38回	ドーハ（カタール）	2014年 6月15日～ 6月25日	26
第39回	ボン（ドイツ）	2015年 6月28日～ 7月 8日	24
第40回	イスタンブール（トルコ）	2016年 7月10日～ 7月17日＊	21
〃	パリ（フランス）	2016年10月24日～10月26日＊	
第41回	クラクフ（ポーランド）	2017年 7月 2日～ 7月12日	21
第42回	マナーマ（バーレーン）	2018年 6月24日～ 7月 4日	19
第43回	バクー（アゼルバイジャン）	2019年 6月30日～ 7月10日	29
第44回	福州（中国）	2020年 6月29日～ 7月 9日	X

(注) 当初登録された物件が、その後隣国を含めた登録地域の拡大・延長などで、新しい物件として統合・再登録された物件等を含む。
＊トルコでの不測の事態により、当初の会期を3日間短縮、10月にフランスのパリで審議継続した。

臨　時

回　次	開催都市（国名）	開催期間	登録物件数
第1回	パリ（フランス）	1981年 9月10日～ 9月11日	1
第2回	パリ（フランス）	1997年10月29日	
第3回	パリ（フランス）	1999年 7月12日	
第4回	パリ（フランス）	1999年10月30日	
第5回	パリ（フランス）	2001年 9月12日	
第6回	パリ（フランス）	2003年 3月17日～ 3月22日	
第7回	パリ（フランス）	2004年12月 6日～12月11日	
第8回	パリ（フランス）	2007年10月24日	
第9回	パリ（フランス）	2010年 6月14日	
第10回	パリ（フランス）	2011年11月 9日	

13 世界遺産の種類

世界遺産には、自然遺産、文化遺産、複合遺産の3種類に分類される。

□自然遺産 （Natural Heritage）

自然遺産とは、無生物、生物の生成物、または、生成物群からなる特徴のある自然の地域で、鑑賞上、または、学術上、「顕著な普遍的価値」（Outstanding Universal Value）を有するもの、そして、地質学的、または、地形学的な形成物および脅威にさらされている動物、または、植物の種の生息地、または、自生地として区域が明確に定められている地域で、学術上、保存上、または、景観上、「顕著な普遍的価値」を有するものと定義することが出来る。

地球上の顕著な普遍的価値をもつ自然景観、地形・地質、生態系、生物多様性などを有する自然遺産の数は、**2019年12月現在、213物件。**

大地溝帯のケニアの湖水システム(ケニア)、セレンゲティ国立公園(タンザニア)、キリマンジャロ国立公園(タンザニア)、モシ・オア・トゥニャ〈ヴィクトリア瀑布〉(ザンビア／ジンバブエ)、サガルマータ国立公園(ネパール)、スマトラの熱帯雨林遺産(インドネシア)、屋久島(日本)、白神山地(日本)、知床(日本)、小笠原諸島(日本)、グレート・バリア・リーフ(オーストラリア)、スイス・アルプス ユングフラウ・アレッチ(スイス)、イルリサート・アイスフィヨルド(デンマーク)、バイカル湖 (ロシア連邦)、カナディアン・ロッキー山脈公園(カナダ)、グランド・キャニオン国立公園(アメリカ合衆国)、エバーグレーズ国立公園(アメリカ合衆国)、レヴィジャヒヘド諸島(メキシコ)、ガラパゴス諸島(エクアドル)、イグアス国立公園(ブラジル／アルゼンチン) などがその代表的な物件。

□文化遺産 （Cultural Heritage）

文化遺産とは、歴史上、芸術上、または、学術上、「顕著な普遍的価値」（Outstanding Universal Value）を有する記念物、建築物群、記念的意義を有する彫刻および絵画、考古学的な性質の物件および構造物、金石文、洞穴居ならびにこれらの物件の組合せで、歴史的、芸術上、または、学術上、「顕著な普遍的価値」を有するものをいう。

遺跡（Sites）とは、自然と結合したものを含む人工の所産および考古学的遺跡を含む区域で、歴史上、芸術上、民族学上、または、人類学上、「顕著な普遍的価値」を有するものをいう。

建造物群（Groups of buildings）とは、独立し、または、連続した建造物の群で、その建築様式、均質性、または、景観内の位置の為に、歴史上、芸術上、または、学術上、「顕著な普遍的価値」を有するものをいう。

モニュメント（Monuments）とは、建築物、記念的意義を有する彫刻および絵画、考古学的な性質の物件および構造物、金石文、洞穴居ならびにこれらの物件の組合せで、歴史的、芸術上、または、学術上、「顕著な普遍的価値」を有するものをいう。

人類の英知と人間活動の所産を様々な形で語り続ける顕著な普遍的価値をもつ遺跡、建造物群、モニュメントなどの文化遺産の数は、**2019年12月現在、869物件。**

モンバサのジーザス要塞(ケニア)、メンフィスとそのネクロポリス／ギザからダハシュールまでのピラミッド地帯(エジプト)、バビロン(イラク)、ペルセポリス(イラン)、サマルカンド(ウズベキスタン)、タージ・マハル(インド)、アンコール(カンボジア)、万里の長城(中国)、高句麗古墳群(北朝鮮)、古都京都の文化財(日本)、厳島神社(日本)、白川郷と五箇山の合掌造り集落(日本)、アテネのアクロポリス(ギリシャ)、ローマ歴史地区(イタリア)、ヴェルサイユ宮殿と庭園(フランス)、アルタミラ洞窟(スペイン)、ストーンヘンジ(英国)、ライン川上中流域の渓谷(ドイツ)、プラハの歴史地区(チェコ)、アウシュヴィッツ強制収容所(ポーランド)、クレムリンと赤の広場(ロシア連邦)、自由の女神像(アメリカ合衆国)、テオティワカン古代都市(メキシコ)、クスコ市街(ペルー)、ブラジリア(ブラジル)、ウマワカの渓谷(アルゼンチン) などがその代表的な物件。

文化遺産の中で、**文化的景観**（Cultural Landscapes）という概念に含まれる物件がある。
文化的景観とは、「人間と自然環境との共同作品」とも言える景観。文化遺産と自然遺産との中間的な存在で、現在は文化遺産の分類に含められており、次の三つのカテゴリーに分類することができる。

1) 庭園、公園など人間によって意図的に設計され創造されたと明らかに定義できる景観
2) 棚田など農林水産業などの産業と関連した有機的に進化する景観で、
   次の2つのサブ・カテゴリーに分けられる。
   ①残存する(或は化石)景観 （a relict (or fossil) landscape）
   ②継続中の景観（continuing landscape）
3) 聖山など自然的要素が強い宗教、芸術、文化などの事象と関連する文化的景観

コンソ族の文化的景観(エチオピア)、アハサー・オアシス、進化する文化的景観（サウジアラビア)、オルホン渓谷の文化的景観(モンゴル)、杭州西湖の文化的景観(中国)、紀伊山地の霊場と参詣道(日本)、石見銀山遺跡とその文化的景観(日本)、バジ・ビムの文化的景観(オーストラリア)、フィリピンのコルディリェラ山脈の棚田(フィリピン)、シンクヴェトリル国立公園(アイスランド)、シントラの文化的景観(ポルトガル)、グラン・カナリア島の文化的景観のリスコ・カイド洞窟と聖山群 (スペイン)、ザルツカンマーグート地方のハルシュタットとダッハシュタインの文化的景観(オーストリア)、トカイ・ワイン地方の歴史的・文化的景観(ハンガリー)、ペルガモンとその多層的な文化的景観(トルコ)、ヴィニャーレス渓谷(キューバ)、パンプーリャ湖近代建築群(ブラジル) などがこの範疇に入る。

□**複合遺産**（Cultural and Natural Heritage）

自然遺産と文化遺産の両方の要件を満たしている物件が**複合遺産**で、最初から複合遺産として登録される場合と、はじめに、自然遺産、あるいは、文化遺産として登録され、その後、もう一方の遺産としても評価されて複合遺産となる場合がある。

世界遺産条約の本旨である自然と文化との結びつきを代表する複合遺産の数は、**2019年12月現在、39物件。**

ワディ・ラム保護区(ヨルダン)、カンチェンジュンガ国立公園(インド)、泰山(中国)、チャンアン景観遺産群(ヴェトナム)、ウルル・カタジュタ国立公園(オーストラリア)、トンガリロ国立公園(ニュージーランド)、ギョレメ国立公園とカッパドキア(トルコ)、メテオラ(ギリシャ)、ピレネー地方ペルデュー山(フランス／スペイン)、ティカル国立公園(グアテマラ)、マチュ・ピチュの歴史保護区(ペルー)、パラチとイーリャ・グランデ ー文化と生物多様性(ブラジル)などが代表的な物件。

14 ユネスコ世界遺産の登録要件

ユネスコ世界遺産の登録要件は、世界的に「顕著な普遍的価値」(outstanding universal value) を有することが前提であり、世界遺産委員会が定めた世界遺産の登録基準（クライテリア）の一つ以上を完全に満たしている必要がある。また、世界遺産としての価値を将来にわたって継承していく為の保護管理措置が担保されていることが必要である。

15 ユネスコ世界遺産の登録基準

世界遺産委員会が定める世界遺産の登録基準(クライテリア)が設けられており、このうちの一つ以上の基準を完全に満たしていることが必要。

(i) 人類の創造的天才の傑作を表現するもの。→人類の創造的天才の傑作

(ii) ある期間を通じて、または、ある文化圏において、建築、技術、記念碑的芸術、町並み計画、景観デザインの発展に関し、人類の価値の重要な交流を示すもの。→人類の価値の重要な交流を示すもの

(iii) 現存する、または、消滅した文化的伝統、または、文明の、唯一の、または、少なくとも稀な証拠となるもの。→文化的伝統、文明の稀な証拠

(iv) 人類の歴史上、重要な時代を例証する、ある形式の建造物、建築物群、技術の集積、または、景観の顕著な例。→歴史上、重要な時代を例証する優れた例

(v) 特に、回復困難な変化の影響下で損傷されやすい状態にある場合における、ある文化（または、複数の文化）或は、環境と人間との相互作用を代表する伝統的集落、または、土地利用の顕著な例。→存続が危ぶまれている伝統的集落、土地利用の際立つ例

(vi) 顕著な普遍的な意義を有する出来事、現存する伝統、思想、信仰、または、芸術的、文学的作品と、直接に、または、明白に関連するもの。→普遍的出来事、伝統、思想、信仰、芸術、文学的作品と関連するもの

(vii) もっともすばらしい自然的現象、または、ひときわすぐれた自然美をもつ地域、及び、美的な重要性を含むもの。→自然景観

(viii) 地球の歴史上の主要な段階を示す顕著な見本であるもの。これには、生物の記録、地形の発達における重要な地学的進行過程、或は、重要な地形的、または、自然地理的特性などが含まれる。→地形・地質

(ix) 陸上、淡水、沿岸、及び、海洋生態系と動植物群集の進化と発達において、進行しつつある重要な生態学的、生物学的プロセスを示す顕著な見本であるもの。→生態系

(x) 生物多様性の本来的保全にとって、もっとも重要かつ意義深い自然生息地を含んでいるもの。これには、科学上、または、保全上の観点から、すぐれて普遍的価値をもつ絶滅の恐れのある種が存在するものを含む。→生物多様性

（注）→ は、わかりやすい覚え方として、当シンクタンクが言い換えたものである。

16 ユネスコ世界遺産に登録されるまでの手順

　世界遺産リストへの登録物件の推薦は、個人や団体ではなく、世界遺産条約を締結した各国政府が行う。日本では、文化遺産は文化庁、自然遺産は環境省と林野庁が中心となって決定している。

　ユネスコの「世界遺産リスト」に登録されるプロセスは、政府が暫定リストに基づいて、パリに事務局がある世界遺産委員会に推薦し、自然遺産については、**IUCN**(国際自然保護連合)、文化遺産については、**ICOMOS**(イコモス　国際記念物遺跡会議)の専門的な評価報告書や**ICCROM**(イクロム　文化財保存修復研究国際センター)の助言などに基づいて審議され、世界遺産リストへの登録の可否が決定される。

　IUCN（The World Conservation Union　国際自然保護連合、以前は、自然及び天然資源の保全に関する国際同盟＜International Union for Conservation of Nature and Natural Resources＞）は、国連環境計画(UNEP)、ユネスコ(UNESCO)などの国連機関や世界自然保護基金(WWF)などの協力の下に、野生生物の保護、自然環境及び自然資源の保全に係わる調査研究、発展途上地域への支援などを行っているほか、絶滅のおそれのある世界の野生生物を網羅したレッド・リスト等を定期的に刊行している。

　世界遺産との関係では、IUCNは、世界遺産委員会への諮問機関としての役割を果たしている。自然保護や野生生物保護の専門家のワールド・ワイドなネットワークを通じて、自然遺産に推薦された物件が世界遺産にふさわしいかどうかの専門的な評価、既に世界遺産に登録されている物件の保全状態のモニタリング(監視)、締約国によって提出された国際援助要請の審査、人材育成活動への支援などを行っている。

　ICOMOS（International Council of Monuments and Sites　国際記念物遺跡会議）は、本部をフランス、パリに置く国際的な非政府組織（NGO）である。1965年に設立され、建築遺産及び考古学的遺産の保全のための理論、方法論、そして、科学技術の応用を推進することを目的としている。1964年に制定された「記念建造物および遺跡の保全と修復のための国際憲章」(ヴェネチア憲章)に示された原則を基盤として活動している。

　世界遺産条約に関するICOMOSの役割は、「世界遺産リスト」への登録推薦物件の審査＜現地調査(夏～秋)、イコモスパネル(11月末～12月初)、中間報告(1月中)＞、文化遺産の保存状況の監視、世界遺産条約締約国から提出された国際援助要請の審査、人材育成への助言及び支援などである。

【新登録候補物件の評価結果についての世界遺産委員会への4つの勧告区分】

① 登録(記載)勧告
　（Recommendation for Inscription）
　　世界遺産としての価値を認め、世界遺産リストへの登録(記載)を勧める。

② 情報照会勧告
　（Recommendation for Referral）
　　世界遺産としての価値は認めるが、追加情報の提出を求めた上で、次回以降の世界遺産委員会での審議を勧める。

③ 登録(記載)延期勧告
　（Recommendation for Deferral）
　　より綿密な調査や登録推薦書類の抜本的な改定が必要なもの。登録推薦書類を再提出した後、約1年半をかけて、再度、専門機関のIUCNやICOMOSの審査を受けることを勧める。

④ 不登録(不記載)勧告
　（Not recommendation for Inscription）
　　登録(記載)にふさわしくないもの。例外的な場合を除いて再推薦は不可とする。

　ICCROM（International Centre for the Study of the Preservation and Restoration of Cultural Property 文化財保存及び修復の研究のための国際センター）は、本部をイタリア、ローマにおく国際的な政府間機関（IGO）である。ユネスコによって1956年に設立され、不動産・動産の文化遺産の保全強化を目的とした研究、記録、技術支援、研修、普及啓発を行うことを目的としている。

　世界遺産条約に関するICCROMの役割は、文化遺産に関する研修において主導的な協力機関であること、文化遺産の保存状況の監視、世界遺産条約締約国から提出された国際援助要請の審査、人材育成への助言及び支援などである。

17 世界遺産暫定リスト

　世界遺産暫定リストとは、各世界遺産条約締約国が「世界遺産リスト」へ登録することがふさわしいと考える、自国の領域内に存在する物件の目録である。

従って、世界遺産条約締約国は、各自の世界遺産暫定リストに、将来、登録推薦を行う意思のある物件の名称を示す必要がある。

2019年12月現在、世界遺産暫定リストに登録されている物件は、1722物件（178か国）であり、世界遺産暫定リストを、まだ作成していない国は、作成が必要である。また、追加や削除など、世界遺産暫定リストの定期的な見直しが必要である。

18 危機にさらされている世界遺産 （略称　危機遺産　★【危機遺産】　53物件）

ユネスコの「危機にさらされている世界遺産リスト」には、2019年12月現在、34の国と地域にわたって自然遺産が17物件、文化遺産が36物件の合計53物件が登録されている。地域別に見ると、アフリカが16物件、アラブ諸国が21物件、アジア・太平洋地域が6物件、ヨーロッパ・北米が4物件、ラテンアメリカ・カリブが6物件となっている。

危機遺産になった理由としては、地震などの自然災害によるもの、民族紛争などの人為災害によるものなど多様である。世界遺産は、今、イスラム国などによる攻撃、破壊、盗難の危機にさらされている。こうした危機から回避していく為には、戦争や紛争のない平和な社会を築いていかなければならない。それに、開発と保全のあり方も多角的な視点から見つめ直していかなければならない。

「危機遺産リスト」に登録されても、その後改善措置が講じられ、危機的状況から脱した場合は、「危機遺産リスト」から解除される。一方、一旦解除されても、再び危機にさらされた場合には、再度、「危機遺産リスト」に登録される。一向に改善の見込みがない場合には、「世界遺産リスト」そのものからの登録抹消もありうる。

現在までの「危機遺産」の登録及び解除の変遷は、52頁から53頁の表の通り。

19 危機にさらされている世界遺産リストへの登録基準

世界遺産委員会が定める危機にさらされている世界遺産リスト（List of the World Heritage in Danger）への登録基準は、以下の通りで、いずれか一つに該当する場合に登録される。

〔自然遺産の場合〕

(1) **確認危険**　遺産が特定の確認された差し迫った危険に直面している、例えば、

   a. 法的に遺産保護が定められた根拠となった顕著で普遍的な価値をもつ種で、絶滅の危機にさらされている種やその他の種の個体数が、病気などの自然要因、或は、密猟・密漁などの人為的要因などによって著しく低下している
   b. 人間の定住、遺産の大部分が氾濫するような貯水池の建設、産業開発や、農薬や肥料の使用を含む農業の発展、大規模な公共事業、採掘、汚染、森林伐採、燃料材の採取などによって、遺産の自然美や学術的価値が重大な損壊を被っている
   c. 境界や上流地域への人間の侵入により、遺産の完全性が脅かされる

(2) **潜在危険**　遺産固有の特徴に有害な影響を与えかねない脅威に直面している、例えば、

   a. 指定地域の法的な保護状態の変化
   b. 遺産内か、或は、遺産に影響が及ぶような場所における再移住計画、或は、開発事業
   c. 武力紛争の勃発、或は、その恐れ
   d. 保護管理計画が欠如しているか、不適切か、或は、十分に実施されていない

〔文化遺産の場合〕

(1) **確認危険**　遺産が特定の確認された差し迫った危険に直面している、例えば、
   a. 材質の重大な損壊
   b. 構造、或は、装飾的な特徴の重大な損壊
   c. 建築、或は、都市計画の統一性の重大な損壊
   d. 都市、或は、地方の空間、或は、自然環境の重大な損壊
   e. 歴史的な真正性の重大な喪失
   f. 文化的な意義の大きな喪失

(2) **潜在危険**　遺産固有の特徴に有害な影響を与えかねない脅威に直面している、例えば、
   a. 保護の度合いを弱めるような遺産の法的地位の変化
   b. 保護政策の欠如
   c. 地域開発計画による脅威的な影響
   d. 都市開発計画による脅威的な影響
   e. 武力紛争の勃発、或は、その恐れ
   f. 地質、気象、その他の環境的な要因による漸進的変化

20 監視強化メカニズム

　監視強化メカニズム（Reinforced Monitoring Mechanism略称：RMM）とは、2007年4月に開催されたユネスコの第176回理事会で採択された「世界遺産条約の枠組みの中で、世界遺産委員会の決議の適切な履行を確保する為のメカニズムを世界遺産委員会で提案すること」の事務局長への要請を受け、2007年の第31回世界遺産委員会で採択された新しい監視強化メカニズムのことである。RMMの目的は、「顕著な普遍的価値」の喪失につながりかねない突発的、偶発的な原因や理由で、深刻な危機的状況に陥った現場に専門家を速やかに派遣、監視し、次の世界遺産委員会での決議を待つまでもなく可及的速やかな対応や緊急措置を講じられる仕組みである。

21 世界遺産リストからの登録抹消

　ユネスコの世界遺産は、「世界遺産リスト」への登録後において、下記のいずれかに該当する場合、世界遺産委員会は、「世界遺産リスト」から登録抹消の手続きを行なうことが出来る。

   1) 世界遺産登録を決定づけた物件の特徴が失われるほど物件の状態が悪化した場合。
   2) 世界遺産の本来の特質が、登録推薦の時点で、既に、人間の行為によって脅かされており、かつ、その時点で世界遺産条約締約国によりまとめられた必要な改善措置が、予定された期間内に講じられなかった場合。

これまでの登録抹消の事例としては、下記の2つの事例がある。

● オマーン　　「アラビアン・オリックス保護区」
　　　　　　（自然遺産　1994年世界遺産登録　2007年登録抹消）
　　　　　　＜理由＞油田開発の為、オペレーショナル・ガイドラインズに違反し世界遺産の登録
　　　　　　　　　　範囲を勝手に変更したことによる世界遺産登録時の完全性の喪失。
● ドイツ　　　「ドレスデンのエルベ渓谷」
　　　　　　（文化遺産　2004年世界遺産登録　★【危機遺産】2006年登録　2009年登録抹消）
　　　　　　＜理由＞文化的景観の中心部での橋の建設による世界遺産登録時の完全性の喪失。

22 世界遺産基金

　世界遺産基金とは、世界遺産の保護を目的とした基金で、2020〜2021年(2年間)の予算案は、6,426,093US$。世界遺産条約が有効に機能している最大の理由は、この世界遺産基金を締約国に義務づけることにより世界遺産保護に関わる援助金を確保できることであり、その使途については、世界遺産委員会等で審議される。

　日本は、世界遺産基金への分担金として、世界遺産条約締約後の1993年には、762,080US$（1992年／1993年分を含む）、その後、
1994年 395,109US$、 1995年 443,903US$、 1996年 563,178 US$、
1997年 571,108US$、 1998年 641,312US$、 1999年 677,834US$、 2000年 680,459US$、
2001年 598,804US$、 2002年 598,804US$、 2003年 598,804US$、 2004年 597,038US$、
2005年 597,038US$、 2006年 509,350US$、 2007年 509,350US$、 2008年 509,350US$、
2009年 509,350US$、 2010年 409,137US$、 2011年 409,137US$、 2012年 409,137US$、
2013年 353,730US$、 2014年 353,730US$、 2015年 353,730US$ 2016年 316,019US$
2017年 316,019US$、 2018年 316,019US$、 2019年 279,910US$
を拠出している。

(1) 世界遺産基金の財源

□世界遺産条約締約国に義務づけられた分担金(ユネスコに対する分担金の1%を上限とする額)
□各国政府の自主的拠出金、団体・機関(法人)や個人からの寄付金

(2019年予算案の分担金または任意拠出金の支払予定上位国)

❶米国*　　　637,743 US$　❷中国　　　392,385 US$　❸日本　　　279,910 US$
❹ドイツ　　　203,834 US$　❺フランス　151,669 US$　❻英国　　　149,275 US$
❼ブラジル　　110,595 US$　❽イタリア　108,094 US$　❾カナダ　　 89,352 US$
❿ロシア連邦　 78,614 US$　⓫韓国　　　 74,106 US$　⓬オーストラリア72,231 US$
⓭スペイン　　 70,155 US$　⓮トルコ　　 44,803 US$　⓯オランダ　 44,322 US$
⓰メキシコ　　 42,219 US$　⓱サウジアラビア38,319 US$　⓲スイス　　 37,610 US$
⓳スウェーデン 29,607 US$　⓴ベルギー　 26,846 US$

＊米国は、2018年12月末にユネスコを脱退したが、これまでの滞納額は支払い義務あり。

世界遺産基金（The World Heritage Fund／Fonds du Patrimoine Mondial）

● UNESCO account No. 949-1-191558　　　　　　　　（US$）
　CHASE MANHATTAN BANK　4 Metrotech Center,Brooklyn,NewYork,NY 11245 USA
　SWIFT CODE:CHASUS33-ABA No.0210-0002-1
● UNESCO account No. 30003-03301-00037291180-53　　（$ EU）
　Societe Generale　106 rue Saint-Dominique 75007 paris　FRANCE
　SWIFT CODE:SOGE FRPPAFS

(2) 世界遺産基金からの国際援助の種類と援助実績

①世界遺産登録の準備への援助（Preparatory Assistance）

＜例示＞
● マダガスカル　　アンタナナリボのオートヴィル　　　　　　　　　　30,000 US＄

② 保全管理への援助（Conservation and Management Assistance）

　　＜例示＞
● ガーナ　　　　　ガーナの砦と城塞　　　　　　　　　　　　　　　　85,086 US＄
　　　　　　　　　（1979年世界遺産登録）の管理計画策定の準備

● アルバニア　　　ベラトとギロカストラ　　　　　　　　　　　　　　30,460 US＄
　　　　　　　　　（2005年／2008年世界遺産登録）の統合管理計画

● ミクロネシア　　ナン・マドール：東ミクロネシアの祭祀センター　　30,000 US＄
　　　　　　　　　（2016年世界遺産登録／危機遺産登録）の雑草の駆除

● セネガル　　　　ニオコロ・コバ国立公園　　　　　　　　　　　　　29,674 US＄
　　　　　　　　　（1981年世界遺産登録／2007年危機遺産登録）の管理計画の更新

③ 緊急援助（Emergency Assistance）

　　＜例示＞
● ガンビア　　　　クンタ・キンテ島と関連遺跡群（2003年世界遺産登録）　5,025 US＄
　　　　　　　　　のCFAOビルの屋根の復旧

23 ユネスコ文化遺産保存日本信託基金

ユネスコが日本政府の拠出金によって設置している日本信託基金には、次の様な基金がある。

○ ユネスコ文化遺産保存信託基金（外務省所管）
○ ユネスコ人的資源開発信託基金（外務省所管）
○ ユネスコ青年交流信託基金（文部科学省所管）
○ 万人のための教育信託基金（文部科学省所管）
○ 持続可能な開発のための教育信託基金（文部科学省所管）
○ ユネスコ地球規模の課題の解決のための科学事業信託基金（文部科学省所管）
○ ユネスコ技術援助専門家派遣信託基金（文部科学省所管）
○ エイズ教育特別信託基金（文部科学省所管）
○ アジア太平洋地域教育協力信託基金（文部科学省所管）

これらのうち、ユネスコ文化遺産保存日本信託基金による主な実施中の案件は、次の通り。

● カンボジア「アンコール遺跡」　　　国際調整委員会等国際会議の開催　1990年〜
　　　　　　　　　　　　　　　　　　保存修復事業等　1994年〜
● ネパール「カトマンズ渓谷」　　　　ダルバール広場の文化遺産の復旧・復興　2015年〜
● ネパール「ルンビニ遺跡」　　　　　建造物等保存措置、考古学調査、統合的マスタープラン
　　　　　　　　　　　　　　　　　　策定、管理プロセスのレビュー、専門家育成　2010年〜
● ミャンマー「バガン遺跡」　　　　　遺跡保存水準の改善、人材養成　2014年〜2016年
● アフガニスタン「バーミヤン遺跡」　壁画保存、マスタープランの策定、東大仏仏龕の固定、

- ボリヴィア「ティワナク遺跡」 西大仏龕奥壁の安定化 2003年〜
 管理計画の策定、人材育成（保存管理、発掘技術等） 2008年〜
- カザフスタン、キルギス、タジキスタン、トルクメニスタン、ウズベキスタン
 「シルクロード世界遺産推薦 遺跡におけるドキュメンテーション実地訓練・人材育成
 ドキュメンテーション支援」 2010年〜
- カーボヴェルデ、サントメ・プリンシペ、コモロ、モーリシャス、セーシェル、モルディブ、ミクロネシア、クック諸島、ニウエ、トンガ、ツバル、ナウル、アンティグア・バーブーダ、バハマ、バルバドス、ベリーズ、キューバ、ドミニカ、グレナダ、ガイアナ、ジャマイカ、セントクリストファー・ネーヴィス、セントルシア、セントビンセント・グレナディーン、スリナム、トリニダード・トバコ
 「小島嶼開発途上国における世界遺産サイト保護支援」
 能力形成及び地域共同体の持続可能な開発の強化
 2011年〜2016年
- ウガンダ「カスビ王墓再建事業」 リスク管理及び火災防止、藁葺き技術調査、能力形成 2013年〜
- グアテマラ「ティカル遺跡保存事業」 北アクロポリスの3Dデータの収集及び登録，人材育成 2016年〜
- ブータン「南アジア文化的景観支援」 ワークショップの開催 2016年〜
- アルゼンチン、ボリビア、チリ、コロンビア、エクアドル、ペルー
 「カパック・ニャン−アンデス道路網の保存支援事業」 モニタリングシステムの設置及び実施
 2016年〜
- セネガル「ゴレ島の護岸保護支援」 ゴレ島南沿岸の緊急対策措置（波止場の再建、世界遺産
 サイト管理サービスの設置等） 2016年〜
- アルジェリア「カスバの保護支援事業」 専門家会合の開催 2016年〜

24 日本の世界遺産条約の締結とその後の世界遺産登録

1992年 6月19日　世界遺産条約締結を国会で承認。
1992年 6月26日　受諾の閣議決定。
1992年 6月30日　受諾書寄託、125番目*の世界遺産条約締約国となる。
　　　　　　　　　*現在は、旧ユーゴスラヴィアの解体によって、締約国リスト上では、124番目になっている。
1992年 9月30日　わが国について発効。
1992年10月　　　ユネスコに、奈良の寺院・神社、姫路城、日光の社寺、鎌倉の寺院・神社、法隆寺の仏教建造物、厳島神社、彦根城、琉球王国の城・遺産群、白川郷の集落、京都の社寺、白神山地、屋久島の12件の暫定リストを提出。
1993年12月　　　第17回世界遺産委員会カルタヘナ会議から世界遺産委員会委員国（任期6年）
　　　　　　　　世界遺産リストに「法隆寺地域の仏教建造物」、「姫路城」、「屋久島」、「白神山地」の4件が登録される。
1994年11月　　　「世界文化遺産奈良コンファレンス」を奈良市で開催。
　　　　　　　　「オーセンティシティに関する奈良ドキュメント」を採択。
1994年12月　　　世界遺産リストに「古都京都の文化財（京都市、宇治市、大津市）」が登録される。
1995年 9月　　　ユネスコの暫定リストに原爆ドームを追加。
1995年12月　　　世界遺産リストに「白川郷・五箇山の合掌造り集落」が登録される。
1996年12月　　　世界遺産リストに「広島の平和記念碑（原爆ドーム）」、「厳島神社」の2件が登録される。
1998年11月30日　第22回世界遺産委員会京都会議（議長：松浦晃一郎氏）

～12月 5日	
1998年12月	世界遺産リストに「古都奈良の文化財」が登録される。
1999年11月	松浦晃一郎氏が日本人として初めてユネスコ事務局長（第8代）に就任。
1999年12月	世界遺産リストに「日光の社寺」が登録される。
2000年5月18～21日	世界自然遺産会議・屋久島2000
2000年12月	世界遺産リストに「琉球王国のグスク及び関連遺産群」が登録される。
2001年 4月 6日	ユネスコの暫定リストに「平泉の文化遺産」、「紀伊山地の霊場と参詣道」、「石見銀山遺跡」の3件を追加。
2001年 9月 5日～9月10日	アジア・太平洋地域における信仰の山の文化的景観に関する専門家会議を和歌山市で開催。
2002年 6月30日	世界遺産条約受諾10周年。
2003年12月	第27回世界遺産委員会マラケシュ会議から2回目の世界遺産委員会委員国（任期4年）
2004年 6月	文化財保護法の一部改正によって、新しい文化財保護の手法として「文化的景観」が新設され、「重要文化的景観」の選定がされるようになった。
2004年 7月	世界遺産リストに「紀伊山地の霊場と参詣道」が登録される。
2005年 7月	世界遺産リストに「知床」が登録される。
2005年10月15～17日	第2回世界自然遺産会議　白神山地会議
2007年 1月30日	ユネスコの暫定リストに「富岡製糸場と絹産業遺産群」、「小笠原諸島」、「長崎の教会群とキリスト教関連遺産」、「飛鳥・藤原－古代日本の宮都と遺跡群」、「富士山」の5件を追加。
2007年 7月	世界遺産リストに「石見銀山遺跡とその文化的景観」が登録される。
2007年 9月14日	ユネスコの暫定リストに「国立西洋美術館本館」を追加。
2008年 6月	第32回世界遺産委員会ケベック・シティ会議で、「平泉－浄土思想を基調とする文化的景観－」の世界遺産リストへの登録の可否が審議され、わが国の世界遺産登録史上初めての「登録延期」となる。2011年の登録実現をめざす。
2009年 1月 5日	ユネスコの暫定リストに「北海道・北東北を中心とした縄文遺跡群」、「九州・山口の近代化産業遺産群」、「宗像・沖ノ島と関連遺産群」の3件を追加。
2009年 6月	第33回世界遺産委員会セビリア会議で、「ル・コルビジュエの建築と都市計画」（構成資産のひとつが「国立西洋美術館本館」）の世界遺産リストへの登録の可否が審議され、「情報照会」となる。
2009年10月1日～2015年3月18日	国宝「姫路城」大天守、保存修理工事。
2010年 6月	ユネスコの暫定リストに「百舌鳥・古市古墳群」、「金を中心とする佐渡鉱山の遺産群」の2件を追加することを、文化審議会文化財分科会世界文化遺産特別委員会で決議。
2010年 7月	第34回世界遺産委員会ブラジリア会議で、「石見銀山遺跡とその文化的景観」の登録範囲の軽微な変更（442.4ha→529.17ha）がなされる。
2011年 6月	第35回世界遺産委員会パリ会議から3回目の世界遺産委員会委員国（任期4年）「小笠原諸島」、「平泉－仏国土（浄土）を表す建築・庭園及び考古学的遺跡群」の2件が登録される。「ル・コルビュジエの建築作品－近代建築運動への顕著な貢献－」（構成資産のひとつが「国立西洋美術館本館」）は、「登録延期」決議がなされる。
2012年 1月25日	日本政府は、世界遺産条約関係省庁連絡会議を開き、「富士山」（山梨県・静岡県）と「武家の古都・鎌倉」（神奈川県）を、2013年の世界文化遺産登録に向け、正式推薦することを決定。
2012年 7月12日	文化審議会の世界文化遺産特別委員会は、「富岡製糸場と絹産業遺産群」（群馬県）を2014年の世界文化遺産登録推薦候補とすること、それに、2011年に世界遺産リストに登録された「平泉」の登録範囲の拡大と登録遺産名の変更に伴い、追加する構成資産を世界遺産暫定リスト登録候補にすることを了承。
2012年11月6日～8日	世界遺産条約採択40周年記念最終会合が、京都市の国立京都国際会館にて開催

		される。メインテーマ「世界遺産と持続可能な発展：地域社会の役割」
2013年 1月31日		世界遺産条約関係省庁連絡会議（外務省、文化庁、環境省、林野庁、水産庁、国土交通省、宮内庁で構成）において、世界遺産条約に基づくわが国の世界遺産暫定リストに、自然遺産として「奄美・琉球」を記載することを決定。世界遺産暫定リスト記載の為に必要な書類をユネスコ世界遺産センターに提出。
2013年3月		ユネスコ、対象地域の絞り込みを求め、世界遺産暫定リストへの追加を保留。
2013年 4月30日		イコモス、「富士山」を「記載」、「武家の古都・鎌倉」は「不記載」を勧告。
2013年 6月 4日		「武家の古都・鎌倉」について、世界遺産リスト記載推薦を取り下げることを決定。
2013年 6月22日		第37回世界遺産委員会プノンペン会議で、「富士山－信仰の対象と芸術の源泉」が登録される。
2013年 8月23日		文化審議会世界文化遺産・無形文化遺産部会及び世界文化遺産特別委員会で、「明治日本の産業革命遺産－九州・山口と関連遺産－」を2015年の世界遺産候補とすることを決定。
2014年1月		「奄美・琉球」、世界遺産暫定リスト記載の為に必要な書類をユネスコ世界遺産センターに再提出。
2014年 6月21日		第38回世界遺産委員会ドーハ会議で、「富岡製糸場と絹産業遺産群」が登録される。
2014年 7月10日		文化審議会世界文化遺産・無形文化遺産部会及び世界文化遺産特別委員会で、「長崎の教会群とキリスト教関連遺産」を2016年の世界遺産候補とすることを決定。
2014年10月		奈良文書20周年記念会合（奈良県奈良市）において、「奈良+20」を採択。
2015年 5月 4日		イコモス、「明治日本の産業革命遺産－九州・山口と関連遺産－」について、「記載」を勧告。
2015年 7月 5日		第39回世界遺産委員会ボン会議で、「明治日本の産業革命遺産：製鉄・製鋼、造船、石炭産業」について、議長の差配により審議なしで登録が決議された後、日本及び韓国からステートメントが発せられた。
2015年 7月		第39回世界遺産委員会ボン会議で、「世界遺産条約履行の為の作業指針」が改訂され、アップストリーム・プロセス（登録推薦に際して、締約国が諮問機関や世界遺産センターに技術的支援を要請できる仕組み）が制度化された。
2015年 7月28日		文化審議会世界文化遺産・無形文化遺産部会で、「『神宿る島』宗像・沖ノ島と関連遺産群」を2017年の世界遺産候補とすることを決定。
2016年 1月		「紀伊山地の霊場と参詣道」の軽微な変更（「熊野参詣道」及び「高野参詣道」について、延長約41.1km、面積11.1haを追加）申請書をユネスコ世界遺産センターへ提出。（第40回世界遺産委員会イスタンブール会議において承認）
2016年 1月		「富士山－信仰の対象と芸術の源泉」の保全状況報告書をユネスコ世界遺産センターに提出。（2016年7月の第40回世界遺産委員会イスタンブール会議で審議）
2016年 2月 1日		「奄美大島、徳之島、沖縄島北部及び西表島」世界遺産暫定リストに記載。
2016年 2月		イコモスの中間報告において、「長崎の教会群とキリスト教関連遺産」について、「長崎の教会群」の世界遺産としての価値を、「禁教・潜伏期」に焦点をあてた内容に見直すべきとの評価が示され推薦を取下げ、修正後、2018年の登録をめざす。
2016年 5月17日		フランスなどとの共同推薦の「ル・コルビュジエの建築作品－近代建築運動への顕著な貢献－」（日本の推薦物件は「国立西洋美術館」）、「登録記載」の勧告。
2016年 7月17日		第40回世界遺産委員会イスタンブール会議で、「ル・コルビュジエの建築作品－近代建築運動への顕著な貢献－」が登録される。（フランスなど7か国17資産）
2016年 7月25日		文化審議会において、「長崎の教会群とキリスト教関連遺産」を2018年の世界遺産候補とすることを決定。（→「長崎と天草地方の潜伏キリシタン関連遺産」）
2017年 1月20日		「奄美大島、徳之島、沖縄島北部及び西表島」ユネスコへ世界遺産登録推薦書を提出。
2017年 6月30日		世界遺産条約受諾25周年。
2017年 7月 8日		第41回世界遺産委員会クラクフ会議で、「『神宿る島』宗像・沖ノ島と関連遺産群」が登録される。（8つの構成資産すべて認められる）

2017年 7月31日	文化庁の文化審議会世界文化遺産部会で「百舌鳥・古市古墳群」を2019年の世界遺産推薦候補とすることを決定。9月に開催される世界遺産条約関係省庁連絡会議(政府の推薦決定)を経て国内の推薦が決まる。
2019年 7月30日	文化庁の文化審議会世界文化遺産部会で「北海道・北東北の縄文遺跡群」を2021年の世界遺産推薦候補とすることを決定。9月に開催される世界遺産条約関係省庁連絡会議(政府の推薦決定)を経て国内の推薦が決まる。
2022年 6月30日	世界遺産条約締約30周年。

25 日本のユネスコ世界遺産

2019年12月現在、23物件(自然遺産 4物件、文化遺産19物件)が「世界遺産リスト」に登録されており、世界第12位である。

❶**法隆寺地域の仏教建造物**　　奈良県生駒郡斑鳩町
　　文化遺産(登録基準(i)(ii)(iv)(vi))　　1993年
❷**姫路城**　　兵庫県姫路市本町　　文化遺産(登録基準(i)(iv))　　1993年
③**白神山地**　　青森県(西津軽郡鰺ヶ沢町、深浦町、中津軽郡西目屋村)
　　　　　秋田県(山本郡藤里町、八峰町、能代市)　　自然遺産(登録基準(ix))　　1993年
④**屋久島**　　鹿児島県熊毛郡屋久島町　　自然遺産(登録基準(vii)(ix))　　1993年
❺**古都京都の文化財(京都市 宇治市 大津市)**
　　京都府(京都市、宇治市)、滋賀県(大津市)　　文化遺産(登録基準(ii)(iv))　　1994年
❻**白川郷・五箇山の合掌造り集落**　　岐阜県(大野郡白川村)、富山県(南砺市)
　　文化遺産(登録基準(iv)(v))　　1995年
❼**広島の平和記念碑(原爆ドーム)**　広島県広島市中区大手町　文化遺産(登録基準(vi))　　1996年
❽**厳島神社**　　広島県廿日市市宮島町　　文化遺産(登録基準(i)(ii)(iv)(vi))　　1996年
❾**古都奈良の文化財**　　奈良県奈良市　　文化遺産(登録基準(ii)(iii)(iv)(vi))　　1998年
❿**日光の社寺**　　栃木県日光市　　文化遺産(登録基準(i)(iv)(vi))　　1999年
⓫**琉球王国のグスク及び関連遺産群**
　　沖縄県(那覇市、うるま市、国頭郡今帰仁村、中頭郡読谷村、北中城村、中城村、南城市)
　　文化遺産(登録基準(ii)(iii)(vi))　　2000年
⓬**紀伊山地の霊場と参詣道**
　　三重県(尾鷲市、熊野市、度会郡大紀町、北牟婁郡紀北町、南牟婁郡御浜町、紀宝町)
　　奈良県(吉野郡吉野町、黒滝村、天川村、野迫川村、十津川村、下北山村、上北山村、川上村)
　　和歌山県(新宮市、田辺市、橋本市、伊都郡かつらぎ町、九度山町、高野町、西牟婁郡白浜町、すさみ町、上富田町、東牟婁郡那智勝浦町、串本町)
　　文化遺産(登録基準(ii)(iii)(iv)(vi))　　2004年／2016年
⓭**知床**　　北海道(斜里郡斜里町、目梨郡羅臼町)　　自然遺産(登録基準(ix)(x))　　2005年
⓮**石見銀山遺跡とその文化的景観**　　島根県大田市
　　文化遺産(登録基準(ii)(iii)(v))　　2007年／2010年
⓯**平泉-仏国土(浄土)を表す建築・庭園及び考古学的遺跡群**
　　岩手県西磐井郡平泉町　　文化遺産(登録基準(ii)(vi))　　2011年
⓰**小笠原諸島**　　東京都小笠原村　　自然遺産(登録基準(ix))　　2011年
⓱**富士山-信仰の対象と芸術の源泉**
　　山梨県(富士吉田市、富士河口湖町、忍野村、山中湖村、鳴沢村)
　　静岡県(富士宮市、富士市、御殿場市、裾野市、小山町)
　　文化遺産(登録基準(iii)(vi))　　2013年
⓲**富岡製糸場と絹産業遺産群**　　群馬県(富岡市、藤岡市、伊勢崎市、下仁田町)
　　文化遺産(登録基準(ii)(iv))　　2014年

⑲ 明治日本の産業革命遺産：製鉄・製鋼、造船、石炭産業
　福岡県(北九州市、大牟田市、中間市)、佐賀県(佐賀市)、長崎県(長崎市)、熊本県(荒尾市、宇城市)、
　鹿児島県(鹿児島市)、山口県(萩市)、岩手県(釜石市)、静岡県(伊豆の国市)
　文化遺産(登録基準(ii)(iv))　2015年
⑳ ル・コルビュジエの建築作品−近代建築運動への顕著な貢献−
　フランス／スイス／ベルギー／ドイツ／インド／日本（東京都台東区）／アルゼンチン
　文化遺産(登録基準(i)(ii)(vi))　2016年
㉑ 「神宿る島」宗像・沖ノ島と関連遺産群　　福岡県(宗像市、福津市)
　文化遺産(登録基準(ii)(iii))　2017年
㉒ 長崎と天草地方の潜伏キリシタン関連遺産
　長崎県(長崎市、佐世保市、平戸市、五島市、南島原市、小値賀町、新上五島町)、熊本県(天草市)
　文化遺産(登録基準(ii)(iii))　2018年
㉓ 百舌鳥・古市古墳群：古代日本の墳墓群　大阪府（堺市、羽曳野市、藤井寺市）
　文化遺産(登録基準(iii)(iv))　2019年

㉖ 日本の世界遺産暫定リスト記載物件

　世界遺産締約国は、世界遺産委員会から将来、世界遺産リストに登録する為の候補物件について、暫定リスト(Tentative List)の目録を提出することが求められている。わが国の暫定リスト記載物件は、次の7件である。

- ●古都鎌倉の寺院・神社ほか（神奈川県　1992年暫定リスト記載）
    - ●「武家の古都・鎌倉」2013年5月、「不記載」勧告。→登録推薦書類「取り下げ」
- ●彦根城（滋賀県　1992年暫定リスト記載）
- ●飛鳥・藤原−古代日本の宮都と遺跡群（奈良県　2007年暫定リスト記載）
- ●北海道・北東北の縄文遺跡群（北海道、青森県、秋田県、岩手県　2009年暫定リスト記載）
- ●金を中心とする佐渡鉱山の遺産群（新潟県　2010年暫定リスト記載）
- ●平泉−仏国土(浄土)を表す建築・庭園及び考古学的遺跡群＜登録範囲の拡大＞
（岩手県　2013年暫定リスト記載）
- ○奄美大島、徳之島、沖縄島北部及び西表島（鹿児島県、沖縄県　2016年暫定リスト記載）

㉗ ユネスコ世界遺産の今後の課題

- ●「世界遺産リスト」への登録物件の厳選、精選、代表性、信用(信頼)性の確保。
- ●世界遺産委員会へ諮問する専門機関(IUCNとICOMOS)の勧告と世界遺産委員会の決議との乖離(いわゆる逆転登録)の是正。
- ●世界遺産にふさわしいかどうかの潜在的OUV（顕著な普遍的価値）の有無等を書面審査で評価する「事前評価」(preliminary assessment)の導入。
- ●行き過ぎたロビー活動を規制する為の規則を、オペレーショナル・ガイドラインズに反映することについての検討。
- ●締約国と専門機関(IUCNとICOMOS)との対話の促進と手続きの透明性の確保。
- ●同種、同類の登録物件のシリアルな再編と統合。
    例示：イグアス国立公園（アルゼンチンとブラジル）
　　　　サンティアゴ・デ・コンポステーラへの巡礼道（スペインとフランス）
　　　　スンダルバンス国立公園（インド）とサンダーバンズ（バングラデシュ）
　　　　古代高句麗王国の首都群と古墳群（中国）と高句麗古墳群（北朝鮮）など。
- ●「世界遺産リスト」への登録物件の上限数の検討。
- ●世界遺産の効果的な保護(Conservation)の確保。

- 世界遺産登録時の真正性或は真実性（Authenticity）や完全性（Integrity）が損なわれた場合の世界遺産リストからの抹消。
- 類似物件、同一カテゴリーの物件との合理的な比較分析。→　暫定リストの充実
- 登録物件数の地域的不均衡（ヨーロッパ・北米偏重）の解消。
- 自然遺産と文化遺産の登録物件数の不均衡（文化遺産偏重）の解消。
- グローバル・ストラテジー（文化的景観、産業遺産、20世紀の建築等）の拡充。
- 「文化的景観」、「歴史的町並みと街区」、「運河に関わる遺産」、「遺産としての道」など、特殊な遺産の世界遺産リストへの登録。
- 危機にさらされている世界遺産（★【危機遺産】）への登録手続きの迅速化などの緊急措置。
- 新規登録の選定作業よりも、既登録の世界遺産のモニタリングなど保全管理を重視し、危機遺産比率を下げていくことへの注力。
- 複数国にまたがるシリアル・ノミネーション（トランスバウンダリー・ノミネーション）の保全管理にあたって、全体の「顕著な普遍的価値」が損なわれないよう、構成資産のある当事国や所有管理者間のコミュニケーションを密にし、全体像の中での各構成資産の位置づけなどの解説や説明など全体管理を行なう為の組織の組成とガイダンス施設の充実。
- インターネットからの現地情報の収集など実効性のある監視強化メカニズム（Reinforced Monitoring Mechanism）の運用。
- 「気候変動が世界遺産に及ぼす影響」など地球環境問題への戦略的対応。
- 世界遺産管理におけるHIA（Heritage Impact Assessment　文化遺産のもつ価値への開発等による影響度合いの評価）の重要性の認識と活用方法。
- 世界遺産条約締約国が、世界遺産条約の理念や本旨を遵守しない場合の制裁措置等の検討。
- 世界遺産条約をまだ締約していない国・地域（ソマリア、ブルンジ、ツバル、ナウル、リヒテンシュタイン）の条約締約の促進。
- 世界遺産条約を締約しているが、まだ世界遺産登録のない国（ブルンディ、コモロ、ルワンダ、リベリア、シエラレオネ、スワジランド、ギニア・ビサウ、サントメ・プリンシペ、ジブチ、赤道ギニア、南スーダン、クウェート、モルジブ、ニウエ、サモア、ブータン、トンガ、クック諸島、ブルネイ、東ティモール、モナコ、ガイアナ、グレナダ、セントヴィンセントおよびグレナディーン諸島、トリニダード・トバコ、バハマ）からの最低1物件以上の世界遺産登録の促進。
- 世界遺産条約を締約していない国・地域の世界遺産（なかでも★【危機遺産】）の取扱い。
- 世界遺産条約を締約しているが、まだ世界遺産暫定リストを作成していない国（赤道ギニア、サントメ・プリンシペ、南スーダン、ブルネイ、クック諸島、ニウエ、東ティモール）への作成の促進。
- 無形文化遺産保護条約、世界の記憶（Memory of the World）との連携。
- 世界遺産から無形遺産も含めたグローバル、一体的な地球遺産へ。
- 世界遺産基金の充実と世界銀行など国際金融機関との連携。
- 世界遺産を通じての国際交流と国際協力の促進。
- 世界遺産地の博物館、美術館、情報センター、ビジターセンターなどのガイダンス施設の充実。
- 国連「世界遺産のための国際デー」（11月16日）の制定。

28 ユネスコ世界遺産を通じての総合学習

- 世界平和や地球環境の大切さ
- 世界遺産の鑑賞とその価値（歴史性、芸術性、文化性、景観上、保存上、学術上など）
- 地球の活動の歴史と生物多様性（自然景観、地形・地質、生態系、生物多様性など）
- 人類の功績、所業、教訓（遺跡、建造物群、モニュメントなど）
- 世界遺産の多様性（自然の多様性、文化の多様性）
- 世界遺産地の民族、言語、宗教、地理、歴史、伝統、文化
- 世界遺産の保護と地域社会の役割
- 世界遺産と人間の生活や生業との関わり

- 世界遺産を取り巻く脅威、危険、危機
- 世界遺産の保護・保全・保存の大切さ
- 世界遺産の利活用(教育、観光、地域づくり、まちづくり)
- 国際理解、異文化理解
- 世界遺産教育、世界遺産学習
- 広い視野に立って物事を考えることの大切さ
- 郷土愛、郷土を誇りに思う気持ちの大切さ
- 人と人とのつながりや絆の大切さ
- 地域遺産を守っていくことの大切さ
- ヘリティッジ・ツーリズム、ライフ・ビヨンド・ツーリズム、カルチュラル・ツーリズム、エコ・ツーリズムなど

29 今後の世界遺産委員会等の開催スケジュール

2020年6月29〜7月9日　　　第44回世界遺産委員会福州(中国)会議2020
　　　　　　　　　　　　　　(審議対象物件:2019年2月1日までの登録申請分)

30 世界遺産条約の将来

●世界遺産の6つの将来目標

◎世界遺産の「顕著な普遍的価値」(OUV)の維持
◎世界で最も「顕著な普遍的価値」のある文化・自然遺産の世界遺産リストの作成
◎現在と将来の環境的、社会的、経済的なニーズを考慮した遺産の保護と保全
◎世界遺産のブランドの質の維持・向上
◎世界遺産委員会の政策と戦略的重要事項の表明
◎定例会合での決議事項の周知と効果的な履行

●世界遺産条約履行の為の戦略的行動計画　2012年〜2022年

◎信用性、代表性、均衡性のある「世界遺産リスト」である為のグローバル戦略の履行と
　自発的な保全へ取組みとの連携(PACT=世界遺産パートナー・イニシアティブ)に関する
　ユネスコの外部監査による独立的評価
◎世界遺産の人材育成戦略
◎災害危険の軽減戦略
◎世界遺産地の気候変動のインパクトに関する政策
◎下記のテーマに関する専門家グループ会合開催の推奨
　○ 世界遺産の保全への取組み
　○ 世界遺産委員会などでの組織での意思決定の手続き
　○ 世界遺産委員会での登録可否の検討に先立つ前段プロセス(早い段階での諮問機関の
　　 ICOMOSやIUCNと登録申請国との対話等、3月末締切りのアップストリーム・プロセス)の改善
　○ 世界遺産条約における保全と持続可能な発展との関係

<出所>2011年第18回世界遺産条約締約国パリ総会での決議事項に拠る。

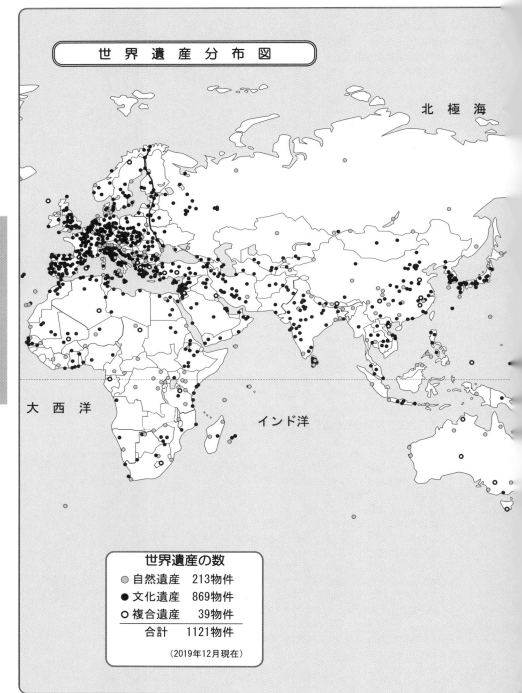

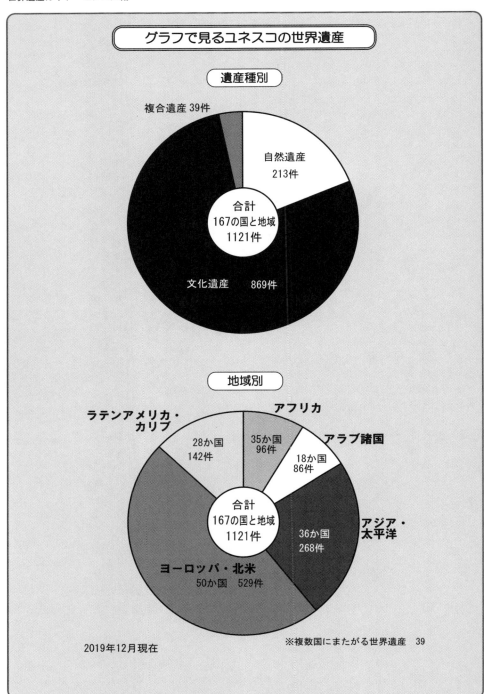

世界遺産ガイド−モンゴル編−

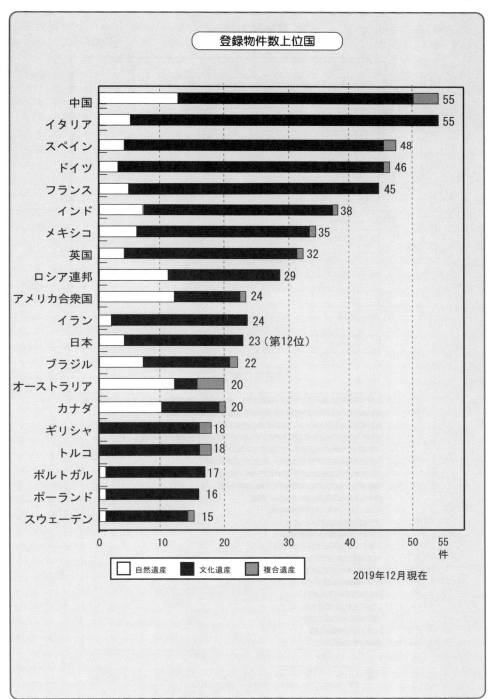

図表で見るユネスコ世界遺産

世界遺産ガイド－モンゴル編－

図表で見るユネスコ世界遺産

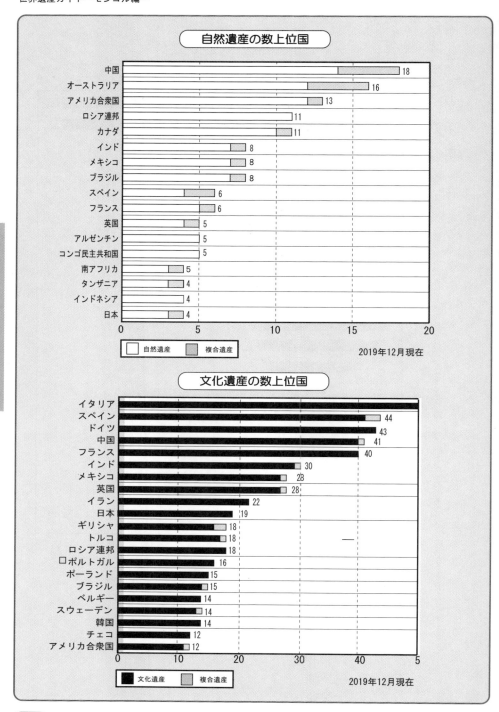

世界遺産ガイド－モンゴル編－

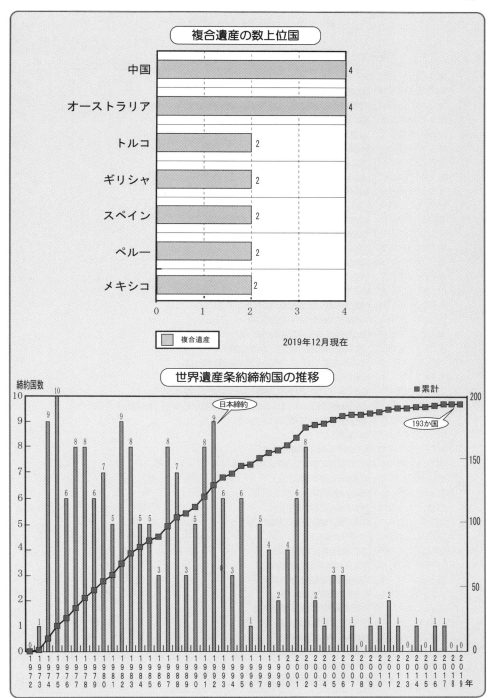

図表で見るユネスコ世界遺産

シンクタンクせとうち総合研究機構

世界遺産ガイドーモンゴル編ー

図表で見るユネスコ世界遺産

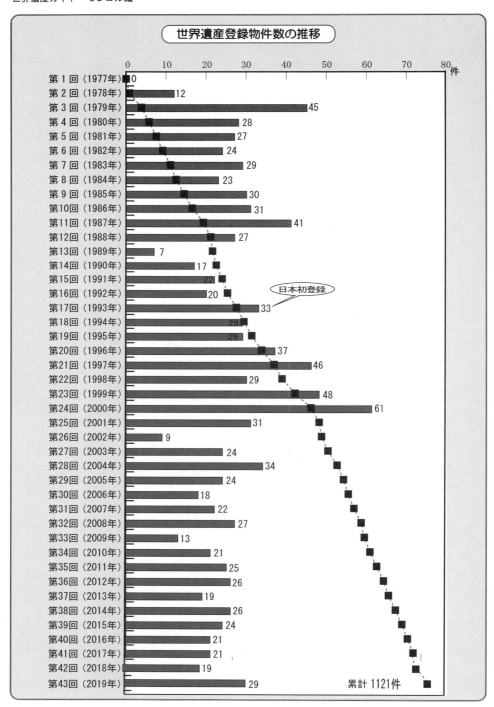

世界遺産ガイド－モンゴル編－

世界遺産と危機遺産の数の推移と比率

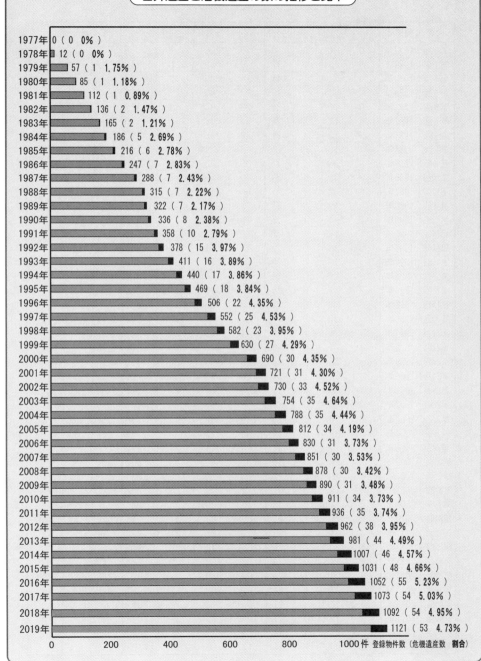

年	登録物件数	危機遺産数	割合
1977年	0	0	0%
1978年	12	0	0%
1979年	57	1	1.75%
1980年	85	1	1.18%
1981年	112	1	0.89%
1982年	136	2	1.47%
1983年	165	2	1.21%
1984年	186	5	2.69%
1985年	216	6	2.78%
1986年	247	7	2.83%
1987年	288	7	2.43%
1988年	315	7	2.22%
1989年	322	7	2.17%
1990年	336	8	2.38%
1991年	358	10	2.79%
1992年	378	15	3.97%
1993年	411	16	3.89%
1994年	440	17	3.86%
1995年	469	18	3.84%
1996年	506	22	4.35%
1997年	552	25	4.53%
1998年	582	23	3.95%
1999年	630	27	4.29%
2000年	690	30	4.35%
2001年	721	31	4.30%
2002年	730	33	4.52%
2003年	754	35	4.64%
2004年	788	35	4.44%
2005年	812	34	4.19%
2006年	830	31	3.73%
2007年	851	30	3.53%
2008年	878	30	3.42%
2009年	890	31	3.48%
2010年	911	34	3.73%
2011年	936	35	3.74%
2012年	962	38	3.95%
2013年	981	44	4.49%
2014年	1007	46	4.57%
2015年	1031	48	4.66%
2016年	1052	55	5.23%
2017年	1073	54	5.03%
2018年	1092	54	4.95%
2019年	1121	53	4.73%

図表で見るユネスコ世界遺産

シンクタンクせとうち総合研究機構

世界遺産委員会別登録物件数の内訳

回次	開催年	登録物件数 自然	文化	複合	合計	登録物件数（累計）自然	文化	複合	累計	備考
第1回	1977年	0	0	0	0	0	0	0	0	①オフリッド湖〈自然遺産〉
第2回	1978年	4	8	0	12	4	8	0	12	（マケドニア*1979年登録）
第3回	1979年	10	34	1	45	14	42	1	57	→文化遺産加わり複合遺産に *当時の国名はユーゴスラヴィア
第4回	1980年	6	23	0	29	19①	65	2①	86	②バージェス・シェル遺跡〈自然遺産〉
第5回	1981年	9	15	2	26	28	80	4	112	（カナダ1980年登録）
第6回	1982年	5	17	2	24	33	97	6	136	→「カナディアンロッキー山脈公園」として再登録。上記物件を統合
第7回	1983年	9	19	1	29	42	116	7	165	③グァラニ一人のイエズス会伝道所
第8回	1984年	7	16	0	23	48②	131③	7	186	〈文化遺産〉（ブラジル1983年登録）
第9回	1985年	4	25	1	30	52	156	8	216	→アルゼンチンにある物件が登録され、1物件とみなされることに
第10回	1986年	8	23	0	31	60	179	8	247	④ウエストランド、マウント・クック国立公園〈自然遺産〉
第11回	1987年	8	32	1	41	68	211	9	288	フィヨルドランド国立公園〈自然遺産〉
第12回	1988年	5	19	3	27	73	230	12	315	（ニュージーランド1986年登録）
第13回	1989年	2	4	1	7	75	234	13	322	→「テ・ワヒポナム」として再登録。上記2物件を統合し1物件に
第14回	1990年	5	11	1	17	77④	245	14	336	④タラマンカ地方ラ・アミスタッド保護区群〈自然遺産〉
第15回	1991年	6	16	0	22	83	261	14	358	（コスタリカ1983年登録）
第16回	1992年	4	16	0	20	86⑤	277	15⑤	378	→パナマのラ・アミスタッド国立公園を加え再登録。上記物件を統合し1物件に
第17回	1993年	4	29	0	33	89⑥	306	16⑥	411	
第18回	1994年	8	21	0	29	96⑦	327	17⑦	440	
第19回	1995年	6	23	0	29	102	350	17	469	⑤リオ・アビセオ国立公園〈自然遺産〉
第20回	1996年	5	30	2	37	107	380	19	506	（ペルー）
第21回	1997年	7	38	1	46	114	418	20	552	→文化遺産加わり複合遺産に
第22回	1998年	3	27	0	30	117	445	20	582	⑥トンガリロ国立公園〈自然遺産〉（ニュージーランド）
第23回	1999年	11	35	2	48	128	480	22	630	→文化遺産加わり複合遺産に
第24回	2000年	10	50	1	61	138	529⑧	23	690	⑦ウルル・カタ・ジュタ国立公園〈自然遺産〉（オーストラリア）
第25回	2001年	6	25	0	31	144	554	23	721	→文化遺産加わり複合遺産に
第26回	2002年	0	9	0	9	144	563	23	730	⑧シャンボール城〈文化遺産〉（フランス1981年登録）
第27回	2003年	5	19	0	24	149	582	23	754	→「シュリー・シュルロワールとシャロンヌの間のロワール渓谷」として再登録。上記物件を統合
第28回	2004年	5	29	0	34	154	611	23	788	
第29回	2005年	7	17	0	24	160⑨	628	24⑨	812	
第30回	2006年	2	16	0	18	162	644	24	830	
第31回	2007年	5	16	1	22	166⑩	660	25	851	
第32回	2008年	8	19	0	27	174	679	25	878	⑨セント・キルダ〈自然遺産〉（イギリス1986年登録）
第33回	2009年	2	11	0	13	176	689⑪	25	890	→文化遺産加わり複合遺産に
第34回	2010年	5	15	1	21	180⑫	704	27⑫	911	⑩アラビアン・オリックス保護区〈自然遺産〉（オマーン1994年登録）
第35回	2011年	3	21	1	25	183	725	28	936	→登録抹消
第36回	2012年	5	20	1	26	188	745	29	962	⑪ドレスデンのエルベ渓谷〈文化遺産〉（ドイツ2004年登録）
第37回	2013年	5	14	0	19	193	759	29	981	→登録抹消
第38回	2014年	4	21	1	26	197	779⑬	31⑬	1007	⑫ンゴロンゴロ保全地域〈自然遺産〉（タンザニア1978年登録）
第39回	2015年	0	23	1	24	197	802	32	1031	→文化遺産加わり複合遺産に
第40回	2016年	6	12	3	21	203	814	35	1052	⑬カラクムルのマヤ都市〈文化遺産〉（メキシコ2002年登録）
第41回	2017年	3	18	0	21	206	832	35	1073	→自然遺産加わり複合遺産に
第42回	2018年	3	13	3	19	209	845	38	1092	
第43回	2019年	4	24	1	29	213	869	39	1121	

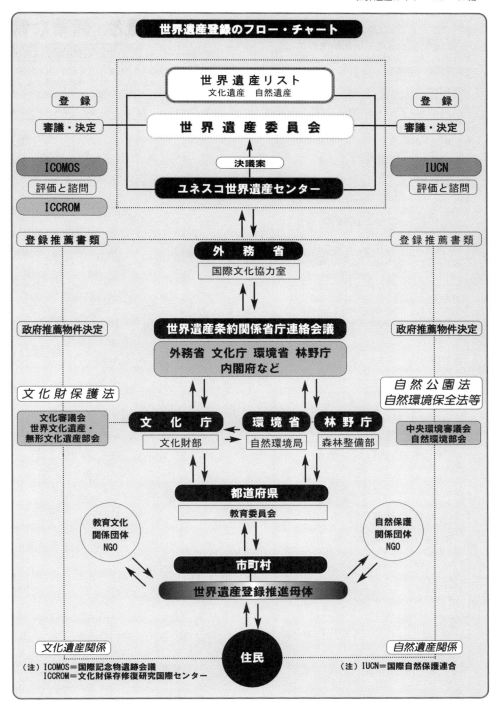

世界遺産登録と「顕著な普遍

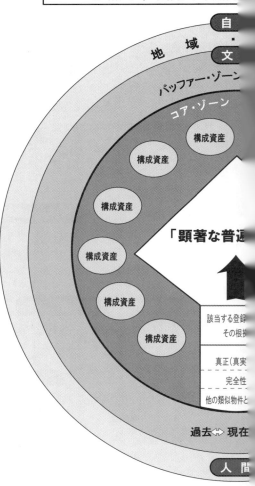

コア・ゾーン（推薦資産）

登録推薦資産を効果的に保護するために明確に設定された境界線。

境界線の設定は、資産の「顕著な普遍的価値」及び完全性及び真正性が十分に表現されることを保証するように行われなければならない。＿＿＿＿＿＿＿＿ ha

- ●文化財保護法
  - 国の史跡指定
  - 国の重要文化的景観指定など
- ●自然公園法
  - 国立公園、国定公園
- ●都市計画法
  - 国営公園

登録範囲

バッファー・ゾーン（緩衝地帯）

推薦資産の効果的な保護を目的として、推薦資産を取り囲む地域に、法的または慣習的手法により補完的な利用・開発規制を敷くことにより設けられるもうひとつの保護の網。推薦資産の直接のセッティング（周辺の環境）、重要な景色やその他資産の保護を支える重要な機能をもつ地域または特性が含まれるべきである。＿＿＿＿＿＿＿＿ ha

- ●景観条例
- ●環境保全条例

長期的な保存管理計画

登録推薦資産の現在及び未来にわたる効果的な保護を担保するために、各資産について、資産の「顕著な普遍的価値」をどのように保全すべきか（参加型手法を用いることが望ましい）について明示した適切な管理計画のこと。どのような管理体制が効果的かは、登録推薦資産のタイプ、特性、ニーズや当該資産が置かれた文化、自然面での文脈によっても異なる。管理体制の形は、文化的視点、資源量その他の要因によって、様々な形式をとり得る。伝統的手法、既存の都市計画や地域計画の手法、その他の計画手法が使われることが考えられる。

- ●管理主体
- ●管理体制
- ●管理計画

- ●記録・保存・継承
- ●公開・活用（教育、観光、まちづくり）

- ●地域計画、都市計画
- ●協働のまちづくり

担保条件

顕著な普遍的価値（Outsta

国家間の境界を超越し、人類全体にとって現代及び
文化的な意義及び/又は自然的な価値を意味する
国際社会全体にとって最高水準の重要性を有する

ローカル ⇨ リージョナル ⇨ ナショナル

登録遺産名：○○○○○○○○○○○○
日本語表記：○○○○○○○○○○○○
位置（経緯度）：北緯○○度○○分　東経○
登録遺産の説明と概要：○○○○○○○○○
　　　　　　　　　　　○○○○○○○○○

世界遺産ガイド－モンゴル編－

」の考え方について

sal Value＝OUV）

した重要性をもつような、傑出した
な遺産を恒久的に保護することは

ョナル ⇨ グローバル

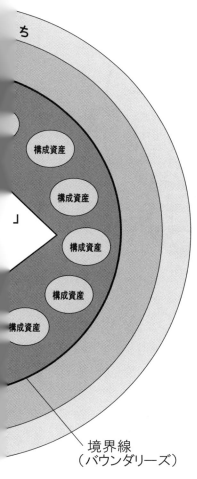

境界線
（バウンダリーズ）

○○○（英語）
○○○○
○分
○○○○○○○○○
○○○○○○

必要十分条件の証明

必要条件

登録基準（クライテリア）

(i) 人類の創造的天才の傑作を表現するもの。
→**人類の創造的天才の傑作**

(ii) ある期間を通じて、または、ある文化圏において、建築、技術、記念碑的芸術、町並み計画、景観デザインの発展に関し、人類の価値の重要な交流を示すもの。
→**人類の価値の重要な交流を示すもの**

(iii) 現存する、または、消滅した文化的伝統、または、文明の、唯一の、または、少なくとも稀な証拠となるもの。
→**文化的伝統、文明の稀な証拠**

(iv) 人類の歴史上重要な時代を例証する、ある形式の建造物、建築物群、技術の集積、または、景観の顕著な例。
→**歴史上、重要な時代を例証する優れた例**

(v) 特に、回復困難な変化の影響下で損傷されやすい状態にある場合における、ある文化（または、複数の文化）、或は、環境と人間との相互作用、を代表する伝統的集落、または、土地利用の顕著な例。
→**存続が危ぶまれている伝統的集落、土地利用の際立った例**

(vi) 顕著な普遍的な意義を有する出来事、現存する伝統、思想、信仰、または、芸術的、文学的作品と、直接に、または、明白に関連するもの。
→**普遍的出来事、伝統、思想、信仰、芸術、文学の作品と関連するもの**

(vii) もっともすばらしい自然現象、ひときわすぐれた自然美をもつ地域、及び、美的な重要性を含むもの。→**自然景観**

(viii) 地球の歴史上の主要な段階を示す顕著な見本であるもの。これには、生物の記録、地形の発達における重要な地学的進行過程、或は、重要な地形的、または、自然地理的特性などが含まれる。
→**地形・地質**

(ix) 陸上、淡水、沿岸、及び、海洋生態系と動植物群集の進化と発達において、進行しつつある重要な生態学的、生物学的プロセスを示す顕著な見本であるもの。→**生態系**

(x) 生物多様性の本来的保全にとって、もっとも重要かつ意義深い自然生息地を含んでいるもの。これには、科学上、または、保全上の観点から、普遍的価値をもつ絶滅の恐れのある種が存在するものを含む。
→**生物多様性**

※上記の登録基準(i)～(x)のうち、一つ以上の登録基準を満たすと共に、それぞれの根拠となる説明が必要。

十分条件

真正（真実）性（オーセンティシティ）

文化遺産の種類、その文化的文脈によって一様ではないが、資産の文化的価値（上記の登録基準）が、下に示すような多様な属性における表現において真実かつ信用性を有する場合に、真正性の条件を満たしていると考えられ得る。
○形状、意匠
○材料、材質
○用途、機能
○伝統、技能、管理体制
○位置、セッティング（周辺の環境）
○言語その他の無形遺産
○精神、感性
○その他の内部要素、外部要素

完全性（インテグリティ）

自然遺産及び文化遺産とそれらの特質のすべてが無傷で包含されている度合を測るためのものさしである。従って、完全性の条件を調べるためには、当該資産が以下の条件をどの程度満たしているかを評価する必要がある。
a)「顕著な普遍的価値」が発揮されるのに必要な要素（構成資産）がすべて含まれているか。
b) 当該物件の重要性を示す特徴を不足なく代表するために適切な大きさが確保されているか。
c) 開発及び管理放棄による負の影響を受けていないか。

他の類似物件との比較

当該物件を、国内外の類似の世界遺産、その他の物件と比較した比較分析を行わなければならない。比較分析では、当該物件の国内での重要性及び国際的な重要性について説明しなければならない。

ⓒ 世界遺産総合研究所

図表で見るユネスコ世界遺産

45

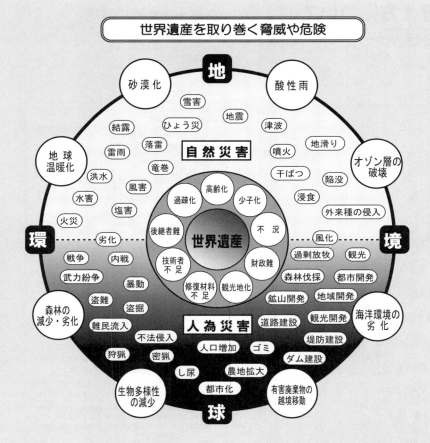

世界遺産を取巻く脅威、危険、危機の因子

- 固有危険　風化、劣化など
- 自然災害　地震、津波、地滑り、火山の噴火など
- 人為災害　タバコの不始末等による火災、無秩序な開発行為など
- 地球環境問題　地球温暖化、砂漠化、酸性雨、海洋環境の劣化など
- 社会環境の変化　過疎化、高齢化、後継者難、観光地化など

世界遺産を取巻く脅威、危険、危機の状況

- 確認危険　遺産が特定の確認された差し迫った危険に直面している状況
- 潜在危険　遺産固有の特徴に有害な影響を与えかねない脅威に直面している状況

確認危険と潜在危険

遺産種別 危険種別	文化遺産	自然遺産
確認危険 Ascertained Danger	● 材質の重大な損壊 ● 構造、或は、装飾的な特徴 ● 建築、或は、都市計画の統一性 ● 歴史的な真正性 ● 文化的な定義	● 病気、密猟、密漁 ● 大規模開発、産業開発採掘、汚染、森林伐採 ● 境界や上流地域への人間の侵入
潜在危険 Potential Danger	● 遺産の法的地位 ● 保護政策 ● 地域開発計画 ● 都市開発計画 ● 武力紛争 ● 地質、気象、その他の環境的要因	● 指定地域の法的な保護状況 ● 再移転計画、或は開発事業 ● 武力紛争 ● 保護管理計画

危機にさらされている世界遺産

	物件名	国名	危機遺産登録年	登録された主な理由
1	●エルサレム旧市街と城壁	ヨルダン推薦物件	1982年	民族紛争
2	●チャン・チャン遺跡地域	ペルー	1986年	風雨による侵食・崩壊
3	○ニンバ山厳正自然保護区	ギニア/コートジボワール	1992年	鉄鉱山開発、難民流入
4	○アイルとテネレの自然保護区	ニジェール	1992年	武力紛争、内戦
5	○ヴィルンガ国立公園	コンゴ民主共和国	1994年	地域紛争、密猟
6	○ガランバ国立公園	コンゴ民主共和国	1996年	密猟、内戦、森林破壊
7	○オカピ野生動物保護区	コンゴ民主共和国	1997年	武力紛争、森林伐採、密猟
8	○カフジ・ビエガ国立公園	コンゴ民主共和国	1997年	密猟、難民流入、農地開拓
9	○マノボ・グンダ・サンフローリス国立公園	中央アフリカ	1997年	密猟
10	○サロンガ国立公園	コンゴ民主共和国	1999年	密猟、都市化
11	●ザビドの歴史都市	イエメン	2000年	都市化、劣化
12	●アブ・ミナ	エジプト	2001年	土地改良による溢水
13	●ジャムのミナレットと考古学遺跡	アフガニスタン	2002年	戦乱による損傷、浸水
14	●バーミヤン盆地の文化的景観と考古学遺跡	アフガニスタン	2003年	崩壊、劣化、盗窟など
15	●アッシュル（カルア・シルカ）	イラク	2003年	ダム建設、保護管理措置欠如
16	●コロとその港	ヴェネズエラ	2005年	豪雨による損壊
17	●コソヴォの中世の記念物群	セルビア	2006年	政治的不安定による管理と保存の困難
18	○ニオコロ・コバ国立公園	セネガル	2007年	密猟、ダム建設計画
19	●サーマッラの考古学都市	イラク	2007年	宗派対立
20	●カスビのブガンダ王族の墓	ウガンダ	2010年	2010年3月の火災による焼失
21	○アツィナナナの雨林群	マダガスカル	2010年	違法伐採、キツネザルの狩猟の横行
22	○エバーグレーズ国立公園	アメリカ合衆国	2010年	水界生態系の劣化の継続、富栄養化
23	○スマトラの熱帯雨林遺産	インドネシア	2011年	密猟、違法伐採など
24	○リオ・プラターノ生物圏保護区	ホンジュラス	2011年	違法伐採、密漁、不法占拠、密猟など
25	●トゥンブクトゥー	マリ	2012年	武装勢力による破壊行為
26	●アスキアの墓	マリ	2012年	武装勢力による破壊行為
27	●リヴァプール-海商都市	英国	2012年	大規模な水域再開発計画
28	●パナマのカリブ海沿岸のポルトベロ-サン・ロレンソの要塞群	パナマ	2012年	風化や劣化、維持管理の欠如など
29	○イースト・レンネル	ソロモン諸島	2013年	森林の伐採

	物件名	国名	危機遺産登録年	登録された主な理由
30	●古代都市ダマスカス	シリア	2013年	国内紛争の激化
31	●古代都市ボスラ	シリア	2013年	国内紛争の激化
32	●パルミラの遺跡	シリア	2013年	国内紛争の激化
33	●古代都市アレッポ	シリア	2013年	国内紛争の激化
34	●シュバリエ城とサラ・ディーン城塞	シリア	2013年	国内紛争の激化
35	●シリア北部の古村群	シリア	2013年	国内紛争の激化
36	○セルース動物保護区	タンザニア	2014年	見境ない密猟
37	●ポトシ市街	ボリヴィア	2014年	経年劣化による鉱山崩壊の危機
38	●オリーブとワインの地パレスチナ-エルサレム南部のバティール村の文化的景観	パレスチナ	2014年	分離壁の建設による文化的景観の損失の懸念
39	●ハトラ	イラク	2015年	過激派組織「イスラム国」による破壊、損壊
40	●サナアの旧市街	イエメン	2015年	ハディ政権とイスラム教シーア派との戦闘激化、空爆による遺産の損壊
41	●シバーム城塞都市	イエメン	2015年	ハディ政権とイスラム教シーア派との戦闘激化による潜在危険
42	●ジェンネの旧市街	マリ	2016年	不安定な治安情勢、風化や劣化、都市化、浸食
43	●キレーネの考古学遺跡	リビア	2016年	カダフィ政権崩壊後の国内紛争の激化
44	●レプティス・マグナの考古学遺跡	リビア	2016年	カダフィ政権崩壊後の国内紛争の激化
45	●サブラタの考古学遺跡	リビア	2016年	カダフィ政権崩壊後の国内紛争の激化
46	●タドラート・アカクスの岩絵	リビア	2016年	カダフィ政権崩壊後の国内紛争の激化
47	●ガダミースの旧市街	リビア	2016年	カダフィ政権崩壊後の国内紛争の激化
48	●シャフリサーブスの歴史地区	ウズベキスタン	2016年	ホテルなどの観光インフラの過度の開発、都市景観の変化
49	●ナン・マドール:東ミクロネシアの祭祀センター	ミクロネシア	2016年	マングローブなどの繁茂や遺跡の崩壊
50	●ウィーンの歴史地区	オーストリア	2017年	高層ビル建設プロジェクトによる都市景観問題
51	●ヘブロン/アル・ハリールの旧市街	パレスチナ	2017年	民族紛争、宗教紛争
52	○ツルカナ湖の国立公園群	ケニア	2018年	ダム建設
53	○カリフォルニア湾の諸島と保護地域	メキシコ	2019年	違法操業

○自然遺産　17件　　●文化遺産　36件　　　　　　　　　　　2019年12月現在

危機にさらされている世界遺産分布図

物件名	国名	危機遺産登録年
❶エルサレム旧市街と城壁	ヨルダン推薦物件	1982年
❷チャン・チャン遺跡地域	ペルー	1986年
❸ニンバ山厳正自然保護区	ギニア／コートジボワール	1992年
❹アイルとテネレの自然保護区	ニジェール	1992年
❺ヴィルンガ国立公園	コンゴ民主共和国	1994年
❻ガランバ国立公園	コンゴ民主共和国	1996年
❼オカピ野生動物保護区	コンゴ民主共和国	1997年
❽カフジ・ビエガ国立公園	コンゴ民主共和国	1997年
❾マノボ・グンダ・サンフローリス国立公園	中央アフリカ	1997年
❿サロンガ国立公園	コンゴ民主共和国	1999年
⓫ザビドの歴史都市	イエメン	2000年
⓬アブ・ミナ	エジプト	2001年
⓭ジャムのミナレットと考古学遺跡	アフガニスタン	2002年
⓮バーミヤン盆地の文化的景観と考古学遺跡	アフガニスタン	2003年
⓯アッシュル（カルア・シルカ）	イラク	2003年
⓰コロとその港	ヴェネズエラ	2005年
⓱コソヴォの中世の記念物群	セルビア	2006年
⓲ニオコロ・コバ国立公園	セネガル	2007年
⓳サーマッラの考古学都市	イラク	2007年
⓴カスビのブガンダ王族の墓	ウガンダ	2010年
㉑アツィナナナの雨林群	マダガスカル	2010年
㉒エバーグレーズ国立公園	アメリカ合衆国	2010年
㉓スマトラの熱帯雨林遺産	インドネシア	2011年
㉔リオ・プラターノ生物圏保護区	ホンジュラス	2011年

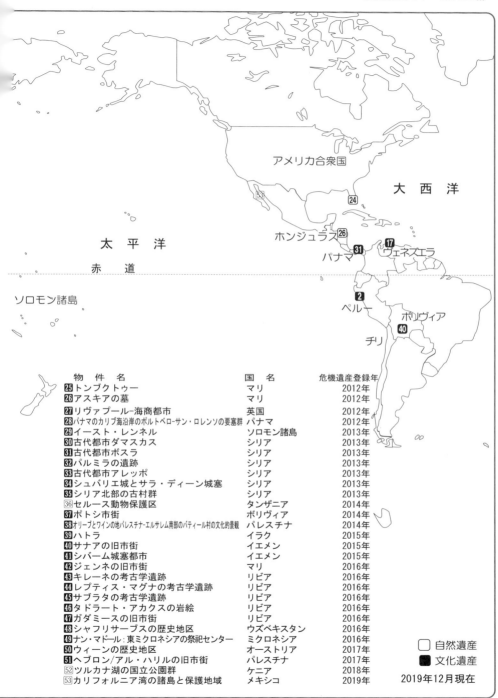

物件名	国名	危機遺産登録年
25 トンブクトゥー	マリ	2012年
26 アスキアの墓	マリ	2012年
27 リヴァプール-海商都市	英国	2012年
28 パナマのカリブ海沿岸のポルトベロ-サン・ロレンソの要塞群	パナマ	2012年
29 イースト・レンネル	ソロモン諸島	2013年
30 古代都市ダマスカス	シリア	2013年
31 古代都市ボスラ	シリア	2013年
32 パルミラの遺跡	シリア	2013年
33 古代都市アレッポ	シリア	2013年
34 シュバリエ城とサラ・ディーン城塞	シリア	2013年
35 シリア北部の古村群	シリア	2013年
36 セルース動物保護区	タンザニア	2014年
37 ポトシ市街	ボリヴィア	2014年
38 オリーブとワインの地パレスチナ-エルサレム南部のバティール村の文化的景観	パレスチナ	2014年
39 ハトラ	イラク	2015年
40 サナアの旧市街	イエメン	2015年
41 シバーム城塞都市	イエメン	2015年
42 ジェンネの旧市街	マリ	2016年
43 キレーネの考古学遺跡	リビア	2016年
44 レプティス・マグナの考古学遺跡	リビア	2016年
45 サブラタの考古学遺跡	リビア	2016年
46 タドラート・アカクスの岩絵	リビア	2016年
47 ガダミースの旧市街	リビア	2016年
48 シャフリサーブスの歴史地区	ウズベキスタン	2016年
49 ナン・マドール:東ミクロネシアの祭祀センター	ミクロネシア	2016年
50 ウィーンの歴史地区	オーストリア	2017年
51 ヘブロン/アル・ハリルの旧市街	パレスチナ	2017年
52 ツルカナ湖の国立公園群	ケニア	2018年
53 カリフォルニア湾の諸島と保護地域	メキシコ	2019年

□ 自然遺産
■ 文化遺産

2019年12月現在

危機遺産の登録、解除、抹消の推移表

年	登録物件数	危機遺産数	割合
1977年	0	0	0%
1978年	12	0	0%
1979年	57	1	1.75%
1980年	85	1	1.18%
1981年	112	1	0.89%
1982年	136	2	1.47%
1983年	165	2	1.21%
1984年	186	5	2.69%
1985年	216	6	2.78%
1986年	247	7	2.83%
1987年	288	7	2.43%
1988年	315	7	2.22%
1989年	322	7	2.17%
1990年	336	8	2.38%
1991年	358	10	2.79%
1992年	378	15	3.97%
1993年	411	16	3.89%
1994年	440	17	3.86%
1995年	469	18	3.84%
1996年	506	22	4.35%
1997年	552	25	4.53%
1998年	582	23	3.95%
1999年	630	27	4.29%
2000年	690	30	4.35%
2001年	721	31	4.30%
2002年	730	33	4.52%
2003年	754	35	4.64%
2004年	788	35	4.44%
2005年	812	34	4.19%
2006年	830	31	3.73%
2007年	851	30	3.53%
2008年	878	30	3.42%
2009年	890	31	3.48%
2010年	911	34	3.73%
2011年	936	35	3.74%
2012年	962	38	3.95%
2013年	981	44	4.49%
2014年	1007	46	4.57%
2015年	1031	48	4.66%
2016年	1052	55	5.23%
2017年	1073	54	5.03%
2018年	1092	54	4.95%
2019年	1121	53	4.73%

登録(解除)年	登 録 物 件	解 除 物 件
2006年	★ドレスデンのエルベ渓谷 ★コソヴォの中世の記念物群	○ジュジ国立鳥類保護区 ○イシュケウル国立公園 ●ティパサ ●ハンピの建造物群 ●ケルン大聖堂
2007年	☆ガラパゴス諸島 ☆ニオコロ・コバ国立公園 ★サーマッラの考古学都市	○エバーグレーズ国立公園 ○リオ・プラターノ生物圏保護区 ●アボメイの王宮 ●カトマンズ渓谷
2009年	☆ベリーズ珊瑚礁保護区 ☆ロス・カティオス国立公園 ★ムツヘータの歴史的建造物群 ドレスデンのエルベ渓谷=(登録抹消)	●シルヴァンシャーの宮殿と 　乙女の塔がある城塞都市バクー
2010年	☆アツィナナナの雨林群 ☆エバーグレーズ国立公園 ★バグラチ大聖堂とゲラチ修道院 ★カスビのブガンダ王族の墓	○ガラパゴス諸島
2011年	☆スマトラの熱帯雨林遺産 ☆リオ・プラターノ生物圏保護区	○マナス野生動物保護区
2012年	★トンブクトゥー ★アスキアの墓 ★イエスの生誕地：ベツレヘムの聖誕教会と巡礼の道 ★リヴァプール−海商都市 ★パナマのカリブ海沿岸のポルトベロ-サン・ロレンソの要塞群	●ラホールの城塞とシャリマール 　庭園 ●フィリピンのコルディリェラ 　山脈の棚田群
2013年	☆イースト・レンネル ★古代都市ダマスカス ★古代都市ボスラ ★パルミラの遺跡 ★古代都市アレッポ ★シュバリエ城とサラ・ディーン城塞 ★シリア北部の古村群	●バムとその文化的景観
2014年	☆セルース動物保護区 ★ポトシ市街 ★オリーブとワインの地パレスチナ − 　エルサレム南部のバティール村の文化的景観	●キルワ・キシワーニと 　ソンゴ・ムナラの遺跡
2015年	★ハトラ ★サナアの旧市街 ★シバーム城塞都市	○ロス・カティオス国立公園
2016年	★ジェンネの旧市街 ★キレーネの考古学遺跡 ★レプティス・マグナの考古学遺跡 ★サブラタの考古学遺跡 ★タドラート・アカクスの岩絵 ★ガダミースの旧市街 ★シャフリサーブスの歴史地区 ★ナン・マドール：東ミクロネシアの祭祀センター	●ムツヘータの歴史的建造物群
2017年	★ウィーンの歴史地区 ★ヘブロン/アル・ハリルの旧市街	○シミエン国立公園 ○コモエ国立公園 ●ゲラチ修道院
2018年	★ツルカナ湖の国立公園群	○ベリーズ珊瑚礁保護区
2019年	☆カリフォルニア湾の諸島と保護地域	●イエスの生誕地：ベツレヘム 　の聖誕教会と巡礼の道 ●ハンバーストーンと 　サンタ・ラウラの硝石工場群

☆危機遺産に登録された文化遺産　　　　　　　　●危機遺産から解除された文化遺産
★危機遺産に登録された自然遺産　　　　　　　　○危機遺産から解除された自然遺産

2019年12月現在

第43回世界遺産委員会バクー会議　新登録物件等

〈新登録物件〉（26か国　29物件　自然 4　複合 1　文化 24）
（アフリカ　1　アラブ諸国　2　アジア・太平洋　10
ヨーロッパ・北アメリカ　15　ラテンアメリカ　1）

＜自然遺産＞

○ヒルカニア森林群（Hyrcanian Forests）（イラン）
○中国の黄海・渤海湾沿岸の渡り鳥保護区群（第1段階）
　（Migratory Bird Sanctuaries along the Coast of Yellow Sea-Bohai Gulf of China (Phase I)）（中国）
○フランス領の南方・南極地域の陸と海
　（French Austral Lands and Seas）（フランス）
○ヴァトナヨークトル国立公園－炎と氷のダイナミックな自然
　（Vatnajökull National Park - dynamic nature of fire and ice）（アイスランド）

＜複合遺産＞

◎パラチとイーリャ・グランデ－文化と生物多様性
　（Paraty and Ilha Grande – Culture and Biodiversity）（ブラジル）

＜文化遺産＞

●ブルキナファソの古代製鉄遺跡群（Ancient ferrous Metallurgy Sites of Burkina Faso）
　（ブルキナファソ）
●バビロン（Babylon）（イラク）
●ディルムンの墳墓群（Dilmun Burial Mounds）（バーレン）
●ラージャスターン州のジャイプル市街（Jaipur City, Rajasthan）（インド）
●バガン（Bagan）（ミャンマー）
●シェンクワン県のジャール平原巨大石壺群
　（Megalithic Jar Sites in Xiengkhuang – Plain of Jars）（ラオス）
●サワルントのオンビリン炭鉱遺産（Ombilin Coal Mining Heritage of Sawahlunto）（インドネシア）
●良渚古城遺跡（Archaeological Ruins of Liangzhu City）（中国）
●韓国の書院（ソウォン）（Seowon, Korean Neo-Confucian Academies）（韓国）
●百舌鳥・古市古墳群：古代日本の墳墓群（Mozu-Furuichi Kofun Group: Mounded Tombs of Ancient Japan）
　（日本）
●バジ・ビムの文化的景観（Budj Bim Cultural Landscape）（オーストラリア）
●ハン宮殿のあるシャキ歴史地区（Historic Centre of Sheki with the Khan's Palace）
　（アゼルバイジャン）
●コネリアーノとヴァルドッビアーデネのプロセッコ丘陵群
　（Le Colline del Prosecco di Conegliano e Valdobbiadene）（イタリア）
●ブラガのボン・ジェズス・ド・モンテの聖域
　（Sanctuary of Bom Jesus do Monte in Braga）（ポルトガル）
●マフラの王家の建物 - 宮殿、バシリカ、修道院、セルク庭園、狩猟公園（タパダ）
　（Royal Building of Mafra – Palace, Basilica, Convent, Cerco Garden and Hunting Park　(Tapada)）
　（ポルトガル）
●グラン・カナリア島の文化的景観のリスコ・カイド洞窟と聖山群
　（Risco Caido and the Sacred Mountains of Gran Canaria Cultural Landscape）（スペイン）
●ジョドレル・バンク天文台（Jodrell Bank Observatory）（英国）
●アウクスブルクの水管理システム（Water Management System of Augsburg）（ドイツ）
●クラドルビ・ナト・ラベムの儀礼用馬車馬の繁殖・訓練の景観
　（Landscape for Breeding and Training of Ceremonial Carriage Horses at　Kladruby nad Labem）
　（チェコ）

○自然遺産　●文化遺産　◎複合遺産　New　初出国

- エルツ山地の鉱山地域（Erzgebirge/Krušnohoří Mining Region）（チェコ・ドイツ）
- クシェミオンキの先史時代の縞状燧石採掘地域
 (Krzemionki Prehistoric Striped Flint Mining Region)（ポーランド）
- プスコフ派建築の聖堂群（Churches of the Pskov School of Architecture）（ロシア連邦）
- ライティング・オン・ストーン／アイシナイピ（Writing-on-Stone / Áísínai'pi）（カナダ）
- フランク・ロイド・ライトの20世紀の建築
 (The 20th-Century Architecture of Frank Lloyd Wright)（アメリカ合衆国）

〈登録範囲の拡大〉（1か国　1物件　自然0　文化0　複合1）

北マケドニア共和国（旧マケドニア・旧ユーゴスラヴィア共和国）／アルバニア
　　　　◎オフリッド地域の自然・文化遺産
　　　　　（Natural and Cultural Heritage of the Ohrid region)
　　　　　（「オフリッド地域の自然・文化遺産」の登録範囲の拡大）
　　　　　複合遺産（登録基準 (i)(iii)(iv)(vii)）
　　　　　1979年／1980年／2009年／2019年

〈危機遺産リストからの解除〉（2か国　2物件　自然0　文化2　複合0）

パレスチナ　　●イエスの生誕地：ベツレヘムの聖誕教会と巡礼の道
　　　　　　　　（Birthplace of Jesus: Church of the Nativity and the Pilgrimage Route, Bethlehem)
　　　　　　　文化遺産（登録基準(iv)(vi)）　　　2012年　★【危機遺産】2012年
　　　　　　　理由：保存管理計画や修復方法に改善措置が講じられた。

チリ　　　　　●ハンバーストーンとサンタ・ラウラの硝石工場群
　　　　　　　　（Humberstone and Santa Laura Saltpeter Works)
　　　　　　　文化遺産（登録基準(ii)(iii)(iv)）　2005年　　★【危機遺産】2005年
　　　　　　　理由：長年の保全活動と監視態勢が整備された。

〈危機遺産リストへの登録〉（1か国　1物件　○自然1　●文化0）

メキシコ　　　○カリフォルニア湾の諸島と保護地域
　　　　　　　　（Islands and Protected Areas of the Gulf of California)
　　　　　　　自然遺産（登録基準(vii)(ix)(x)）　2005年／2007年　★【危機遺産】2019年
　　　　　　　理由：違法操業によるコガシラネズミイルカなどの絶滅危惧。

〈登録遺産名の変更〉（2か国　2物件　○自然0　●文化2）

スリランカ　　●ランギリ・ダンブッラの石窟寺院（Rangiri Dambulla Cave Temple）
　　　　　　　　←　ダンブッラの黄金寺院（Golden Temple of Dambulla)

ウクライナ　　●キエフの聖ソフィア大聖堂と修道院群、キエフ・ペチェルスカヤ大修道院
　　　　　　　　（Kyiv: Saint-Sophia Cathedral and Related Monastic Buildings, Kyiv-Pechersk Lavra)
　　　　　　　　←　Kiev: SaintSophia Cathedral and Related Monastic Buildings, Kiev-Pechersk Lavra

※2020年の第44回世界遺産委員会福州会議から適用される新登録に関わる登録推薦件数1国1件と審査件数の上限数35

　世界遺産条約履行の為の作業指針（通称：オペレーショナル・ガイドラインズ）では、新登録に関わる登録推薦件数は、2006年の第30回世界遺産委員会ヴィリニュス会議での決議に基づき、実験的措置及び移行措置として、各締約国からの登録推薦件数の上限は、2件まで（但し、2件を提出する場合、うち1件は自然遺産とする）、全体の審査対象件数の上限は45件とするメカニズムが適用されてきた。

　その後、2007年の第31回世界遺産委員会クライストチャーチ会議では、各締約国からの登録推薦件数は、2件（但し、2件を提出する場合、うち1件は自然遺産でなくても良い）ということになった。

　2011年の第35回世界遺産委員会パリ会議では、これまでの実験的措置及び移行措置の結果を踏まえて、オペレーショナル・ガイドラインズを改定、各締約国からの登録推薦件数は、2件まで（但し、2件を提出する場合、うち1件は自然遺産、或は、文化的景観とする）の審査とするメカニズムに変更になり、2015年の第39回世界遺産委員会で、この決議の効果を再吟味することになった。

　第40回世界遺産委員会パリ臨時会議で、毎年1度の審査で扱う新規登録案件の上限を現在の45件から35件に削減することを決めた。

　各締約国からの登録推薦件数は1国1件、各国からの推薦数が35件の上限を超えた場合は、
　　①遺産の数が少ない国の案件や複数の国にまたがるものを優先する。
　　②文化遺産より登録数が少ない自然、複合遺産の審査を先行させる。

　この決定は、2020年の第44回世界遺産委員会福州会議の審査対象物件の審査（2019年2月1日までの登録申請分）から適用される。

　審査件数の削減は、実務を担うユネスコの事務局の人手不足や財政難などが理由。ユネスコは、当初、2018年の第42回世界遺産委員会マナーマ（バーレン）会議の審査対象物件から25件に減らす案を示していたが、登録待ちの候補が多いアジア、アフリカ諸国を中心に反対論が根強く、合意を得られなかった。

モンゴルの概況

スフバートル広場＜チンギスハーン広場＞
ウランバートル（モンゴル）

モンゴルの概況

モンゴル国
Mongolia

国連加盟	1961年
ユネスコ加盟	1962年
世界遺産条約締約	1990年

- **正式名称** モンゴル国
- **国旗** 赤は繁栄を表す火を、青は平和と永遠を表す青空を意味する。左側の黄色い模様はソヨンボと呼ばれ国家を象徴し、上から炎、太陽、月、上下の逆三角形が槍、長方形が正直さを表す。その間に繁栄と警戒を示す魚、左右は城塞である。
- **国歌** モンゴル国歌　**国花** セイヨウマツムシソウ
- **国鳥** オジロワシ

- **面積** 156万4,100平方Km（日本の約4倍）
- **人口** 323万8,479人（2018年、モンゴル国家統計局（以下「NSO」））
- **首都** ウランバートル（人口149万1,375人）（2018年　NSO）
- **民族** モンゴル人（全体の95％）及びカザフ人等
- **言語** モンゴル語（国家公用語）、カザフ語
- **宗教** チベット仏教等（社会主義時代は衰退していたが民主化（1990年前半）以降に復活）。1992年2月の新憲法は信教の自由を保障）
- **自然** モンゴル高原、ゴビ砂漠
- **植物** 草花類　キク科（エーデルワイスなど）、マメ科、アブラナ科、バラ科
  樹木類　シラカバ、マツなど。
- **動物** 草原　レイヨウ、サイガ、ノウサギ、キツネ、オオカミ、アナグマなどの哺乳類。
  ゴビ砂漠　コウジョウセンガゼル、サイガ、ロバ、ラクダの野生種、クマ、ユキヒョウなどの野生動物。アイベックス(野生ヤギ)、ビッグホーン(オオツノヒツジ)など貴重種なども生息。
- **国立公園** フブスグル湖国立公園、テルヒーン・ツァガーン湖国立公園、13世紀国立公園、ボグドハーン山国立公園、ゴビ・ゴルバンサイハン国立公園、イフ・ナルティーン・チュロー自然保護、国立ホスタイ公園など。
- **生物圏保護区** グレート・ゴビ、ボグドハーン山、ウヴスヌール渓谷生物圏保護区、国立ホスタイ公園、ドルノド・モンゴル、モンゴル・ダグーリ厳正保護区

祝日・祭日
公的に祝われる祝祭日は、モンゴル暦で祝われるツァガーン・サル（旧正月）とチンギス・ハーンの日を除き、すべて新暦で祝う。モンゴル暦に基づき毎年日付が変わる移動祝祭日（※）に注意。日付は中国などの旧正月とは異なり、モンゴル暦に基づいて毎年チベット仏教の高僧が決定する。1月1日　新年　2月中旬ツァガーンサル。旧正月。この日から3日間は休日となる。旧正月は中国とはことなり、毎年変わる。3月8日　女性の日　6月1日子供の日　7月11日　革命記念日。この日から3日間ナーダム祭が開始される。11月26日　建国記念日

略史
- 紀元前4世紀頃～紀元93年　遊牧国家の「匈奴」（きょうど）
  （紀元前215年には、秦の始皇帝が、万里の長城を築いて匈奴の侵入を防いだ。）
- 紀元前3世紀～6世紀頃　モンゴル系の遊牧騎馬民族「東胡」（とうこ）の子孫「鮮卑」（せんぴ）
  （鮮卑族はその後いくつかの部族に分裂しそのうちの一つが中国北部に北魏を建国）
- 5世紀～6世紀　柔然可汗国（じゅうぜん　かがんこく）
  （「東胡」を祖先にもつ「柔然族」が、モンゴル高原で勢力を拡大。「可汗」とは皇帝のことで、後の「ハーン」の元になった。）
- 6世紀～9世紀　テュルク系国家時代
  （柔然の奴隷だったテュルク系遊牧民族が独立し、「突厥」（とつけつ）帝国や「回紇」（かいこつ/ウイグル）可汗国を建国して、モンゴル高原の覇者となった。）
- 916年～1125年　契丹（きったん）・遼（りょう）時代
  （鮮卑族を祖先にもつ「契丹族」が勢力をつけ、満州からモンゴル高原東部に及ぶ帝国をつくる。宋（中国）と和平条約を結び、北アジア最強国となって文化を発展させた。最後は、満州の狩猟民族「女真（じょしん）族」によって滅ぼされた。
- 1206年～1634年　モンゴル帝国・元
  （北モンゴルの様々な部族を統率したテムジンが最高の君主「チンギスハーン」になった。都をカラコルムにおき、中央アジアにまで勢力を広げて大帝国を築く。）
- 1271年　チンギスハーンの孫、フビライが全中国を統一し、国号を「元」に改める。都を北京に遷し、次々と軍事的勝利を収めて支配地を拡大。
- 1274年　高麗と一緒に日本を攻めたが、失敗に終わった。

モンゴルの概況

1368年 中国南部を明(みん、中国)が統一し、モンゴル人は北へ退去し、その後の国号は「北元」と呼ばれるようになった。
1755年~1911年 清朝の属国時代。北元が清(しん、中国)に支配されるようになった。
20世紀に入ると、清はロシアからの侵略を防ぐために、内モンゴルに漢人をたくさん住ませて遊牧地を耕地に変えた。そのためモンゴル人の間に反漢・独立感情が高まった。
1989年 民主化運動が起き、翌年、一党独裁が終わった。
1911年 辛亥革命、中国(清朝)より分離、北モンゴルはロシア帝国の協力を得て、独立を果たし、自治政府を樹立。
1919年 自治を撤廃し中国軍閥の支配下に入る
1921年7月 活仏を元首とする君主制人民政府成立、独立を宣言(人民革命)
1924年11月 活仏の死去に伴い人民共和国を宣言。モンゴル人民共和国
(ソ連の圧力により、モンゴル人民革命党の独裁による徹底した社会主義政策を行った。
1930年前後には、厳しい宗教弾圧と遊牧の強制農耕化などを行い、反対した多くの人が殺された。)
1961年 国連加盟
1972年2月 日本とモンゴル外交関係樹立
1990年3月 複数政党制を導入、社会主義を事実上放棄
1992年2月 モンゴル国憲法施行(国名を「モンゴル国」に変更)

政治体制・内政
政体 共和制(大統領制と議院内閣制の併用)
元首 ハルトマー・バトトルガ大統領(2017年7月10日就任)
議会 国家大会議(一院制、定員76、任期4年、直近の総選挙：2016年6月)
(人民党64、民主党8、人民革命党1、無所属2、欠員1)
政府
(1) 首相オフナー・フレルスフ(2017年10月4日就任)
(2) 外務大臣ダムディン・ツォグトバータル(2017年10月20日就任)
地方自治
21の「アイマグ」の中に、「ソム」があり、その中に「バグ」がある。バグは50～100家族ほどで構成されている。
県(県都)
オルホン県(エルデネト)、ダルハン・オール県(ダルハン)、ヘンティー県(ウンドゥルハーン)、フブスグル県(ムルン)、ホブド県(ホブド)、オブス県(オラーンゴム)、トゥブ県(ゾーンモド)、セレンゲ県(スフバートル)、スフバートル県(バローン・オルト)、ウムヌゴビ県(ダランザドガド)、ウブルハンガイ県(アルバイヘール)、ザブハン県(オリアスタイ)、ドンドゴビ県(マンダルゴビ)、ドルノド県(チョイバルサン)、ドルノゴビ県(サインシャンド)、ゴビスンベル県(チョイル)、ゴビ・アルタイ県(アルタイ)、ボルガン県(ボルガン)、バヤンホンゴル県(バヤンホンゴル)、バヤン・ウルギー県(ウルギー)、アルハンガイ県(ツェツェルレグ)
主要都市 ウランバートル、エルデネト、ダルハンなど。
広場 スフバートル広場(旧名：チンギスハーン広場)
外交
モンゴルの外交方針の基本は、隣国である中国とロシアとのバランスの取れた外交関係を展開しながら、両隣国に過度に依存することなく「第三の隣国」との関係を発展させることである。中でも日本との関係は特に重視されており、様々なレベルでの交流を通じて、二国間関係を強化している。
国際場裡における外交
(1) 1991年9月に非同盟諸国会議に加盟。1998年7月、ARF(ASEAN地域フォーラム)参加。2004年6月、ACD(アジア協力対話)参加。2006年9月、ASEM(アジア欧州会合)参加。2010年1月、FEALAC(アジア中南米協力フォーラム)参加。
(2) 1992年9月、「モンゴルの非核地帯化」を宣言。1998年12月、「非核兵器国の地位」が国連総会決議で承認。2012年9月には、国連安保理常任理事国5か国がモンゴルの「一国非核の地位」を支援する旨の共同宣言に署名。2012年11月OSCE(欧州安全保障協力機構)正式加盟。
軍事力
(1) 予算 117百万米ドル(2016年予算)
(2) 兵役 徴兵制、男子満18歳～25歳のうちの1年間
(3) 兵力 9,700人(予備役約13万7000人)
経済
主要産業 鉱業、牧畜業、流通業、軽工業
名目GDP 32兆1,660億トグログ(約12,167百万米ドル(2018年、NSO)
一人当たり名目GDP 3,779.0米ドル(2017年、世界銀行アトラス・メソッド、NSO)

モンゴルの概況

経済成長率　6.9%（2018年，NSO）
インフレ率　6.9%（2018年，NSO）
失業率　7.8%（2018年，NSO）
貿易総額　約12,890百万米ドル（収支：＋約1,130百万米ドル）（2018年，NSO）
（1）輸出　約7,010百万米ドル　（2）輸入　約5,880百万米ドル
主要貿易品目
（1）輸出　鉱物資源（石炭，銅精鉱，蛍石など），原油，牧畜産品（カシミア，皮革）
（2）輸入　石油燃料，自動車，機械設備類，日用雑貨，医薬品
外貨準備高　3,621.6百万米ドル（2019年2月時点，モンゴル中央銀行）
主要貿易相手国（上位5か国）
（1）輸出　中国，イギリス，ロシア，イタリア，シンガポール
（2）輸入　中国，ロシア，日本，韓国，アメリカ
通貨　トグログ（MNT）
為替レート　1米ドル＝2,643.69トグログ（2018年12月31日現在，モンゴル銀行）
2018年度国家予算
収支　約119億トグログ（約45万米ドル）の黒字（2018年，NSO）
歳入　約9兆2,349億トグログ（約3,493百万米ドル）
歳出　約9兆2,229億トグログ（約3,489百万米ドル）
経済協力
わが国の援助実績
（1）円借款　1,259.44億円（2016年度まで）
（2）無償資金協力　1,137.33億円（2016年度まで）
（3）技術協力　522.35億円（2016年度まで）
主要援助国・機関　日本，米国，ドイツ，世銀，IMF，ADB等。
政治関係
日・モンゴル間の交流，協力関係は順調に進展。"戦略的パートナーシップ"の構築が共通の外交目標。
経済関係
（1）貿易（財務省貿易統計）
　（ア）貿易額（2018年）約608億円　モンゴル→日本　約36億円　日本→モンゴル　約572億円
　（イ）主要品目　モンゴル→日本　鉱物資源（石炭，蛍石），繊維製品，一般機械
　　　　　　　　　日本→モンゴル　自動車，一般機械，建設・鉱山用機械
（2）わが国からの直接投資　約752百万ドル（2018年末現在，モンゴル銀行）
（3）日・モンゴル経済連携協定（EPA）交渉は，2012年6月以降7回開催され，2014年7月に大筋合意に至り，2016年2月に署名された，2016年6月に発効した。
（4）本邦企業の支店開設数：支店1社，駐在出張所56社（外務省海外在留邦人数調査統計：平成30年要約版）現地法人化した企業等数：448社（外務省海外在留邦人数調査統計：平成30年要約版）

ビジネスアワー
週休2日制が一般的である。以下は一般的な営業時間の目安。ショップやレストランは店舗によって異なる。
　【銀行】月～金曜9：00～18：00頃　【ショップ、デパート】一般的に9：00～18：00（夏期は延長も）。【レストラン】一般に11：00～20：00くらい。無休の店でもほとんどがツァガーン・サル（旧正月）は休みを取る。【コンビニエンスストア】24時間営業、ほとんど無休。

電圧とプラグ
220V、50Hz。プラグの形状はB、B3、Cタイプ。Cタイプが主流だが、日本のAプラグもそのまま挿せるものはある。しかし万能タイプのアダプターを持参するのが無難。日本の電化製品のほとんどは変圧器がないと使用不可。

ビデオとDVD方式
日本と異なるPAL・SECAM方式。モンゴルで購入したビデオカセットは日本の普通のビデオデッキでは再生できない。DVDは日本のリージョンコードは2なので購入する際はリージョンフリーかオールリージョンのものを。

チップ
一般的にチップの習慣はない。高級店での飲食費やホテル宿泊費などにはあらかじめサービス料が付加されている。特別なサービスを受けたときや、無理を通してもらったときには気持ちで渡そう（目安は簡単な食事ができる2000～5000Tg程度）。

ユースフルアドレス
警察102、消防車101、救急車103　在モンゴル日本国大使館（011）320777
携帯電話

モンゴルの携帯電話は世界ほぼ共通のGSM方式で、端末があれば地元の携帯電話会社のSIMカードを購入して利用できる。SIMカードは携帯ショップなどで安価に売られており、プリペイド方式で追加チャージもできる。主な携帯電話会社にはMobiCom、Unitel、CDMAのSkytel等がある。

年齢制限
たばこ、アルコールは満18歳以上だが、地方では年少者の飲酒を見かける。

教育
学校制度　2008〜2009年度から5.4.3制に移行している。
義務教育期間　6歳〜14歳(1学年〜9学年)
学校年度　9月1日〜8月31日
大学
モンゴル国立大学、ウランバートル大学、人文大学、モンゴル教育大学、モンゴル文化教育大学、モンゴル科学技術大学、モンゴル金融経済大学
文化
世界遺産　❶ウフス・ヌール盆地　❷オルホン渓谷の文化的景観
❸モンゴル・アルタイ山脈の岩壁画群　❹グレート・ブルカン・カルドゥン山とその周辺の神聖な景観
❺ダウリアの景観群
世界無形文化遺産
【代表リスト】　❶馬頭琴の伝統音楽　❷オルティン・ドー、伝統的民謡の長唄
❸モンゴルの伝統芸術のホーミー　❹ナーダム、モンゴルの伝統的なお祭り
❺鷹狩り、生きた人間の遺産　❻モンゴル・ゲルの伝統工芸技術とその関連慣習
❼モンゴル人のナックルボーン・シューティング
❽伝統的なフフルでの馬乳酒（アイラグ）の製造技術と関連する慣習
【緊急保護リスト】①モンゴル・ビエルゲー：モンゴルの伝統的民族舞踊
②モンゴル・トゥーリ：モンゴルの叙事詩　③ツォールの伝統的な音楽
④リンベの民謡長唄演奏技法−循環呼吸　⑤モンゴル書道　⑥ラクダを宥める儀式
⑦聖地を崇拝するモンゴル人の伝統的な慣習
世界の記憶
❶黄金史綱（アルタン・トブチ）（1651年）＜所蔵機関＞モンゴル国立図書館（ウランバートル）
❷モンゴル・タンジュールの石碑＜所蔵機関＞モンゴル国立図書館（ウランバートル）
❸9つの宝石で書かれたカンジュール＜所蔵機関＞モンゴル国立図書館（ウランバートル）
在留邦人数　552名　（外務省海外在留邦人数調査統計：平成30年要約版）
モンゴル国籍の外国人登録者数　10,057名（2018年6月現在、法務省在留外国人統計）
就航航空会社（国際線）　MIATモンゴル航空、フンヌ・エア、アエロ・モンゴリア、アエロフロート・ロシア航空、中国国際航空、天津航空、大韓航空、エアプサン、ターキッシュ・エアラインズ
国際空港　チンギス・ハーン国際空港、新ウランバートル国際空港（2020年上半期に開港見込み）
二国間条約・取極
・外交関係樹立（1972年2月24日）、・文化交流取極（1974年）、・経済協力協定（1977年）（カシミア工場建設）、・貿易協定（1990年3月1日）、・青年海外協力隊派遣取極（1991年3月26日）、・航空協定（1993年11月25日署名）、・投資保護協定（2001年2月15日署名）、・技術協力協定（2003年12月4日署名）、・日・モンゴル経済連携協定（2015年2月10日署名、2016年6月7日発効）
姉妹都市
ウランバートル市スフバートル区・長野県佐久市、ドルノゴビ県・静岡県・トゥヴ県・大阪府泉佐野市・バヤンホンゴル県ボグド郡・兵庫県豊岡市、トゥヴ県・鳥取県、ウヴルハンガイ県ホジルト市・長崎県松浦市、ウランバートル市・宮崎県都城市
日本大使館
住所：Elchingiin gudamj 10, Ulaanbaatar 14210, Mongolia　（Central P.O. Box 1011）
電話：(976-11) 320777　Fax：(976-11) 313332
http://www.mn.emb-japan.go.jp/index_j.htm
JICA（ジャイカ独立行政法人国際協力機構）モンゴル事務所
住所：JICA MONGOLIA OFFICE 7F, Bodi Tower, Sukhbaatar Square 3, Ulaanbaatar, Mongolia
電話：(976-11) 325939
駐日モンゴル国大使館
住所：〒150-0047、東京都渋谷区神山町21-4
電話番号：(+81)-3-3469-2088　Fax番号：(+81)-3-3469-2216, (+81)-3-3469-2192（領事部）
電子メール：tokyo@mfa.gov.mn

モンゴルの概況

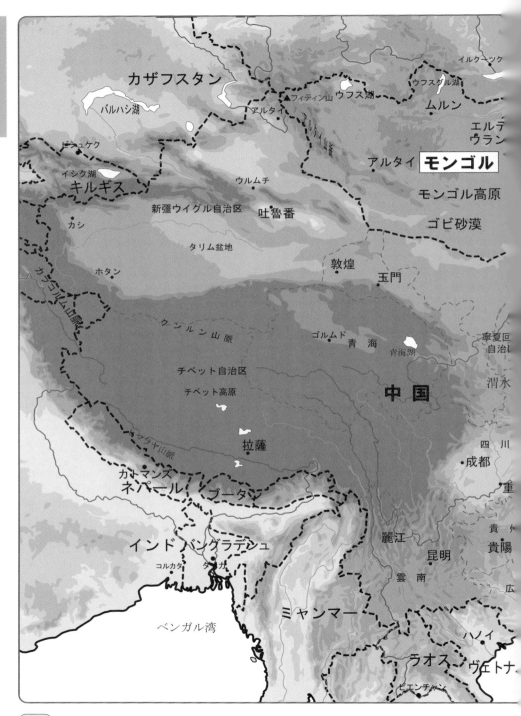

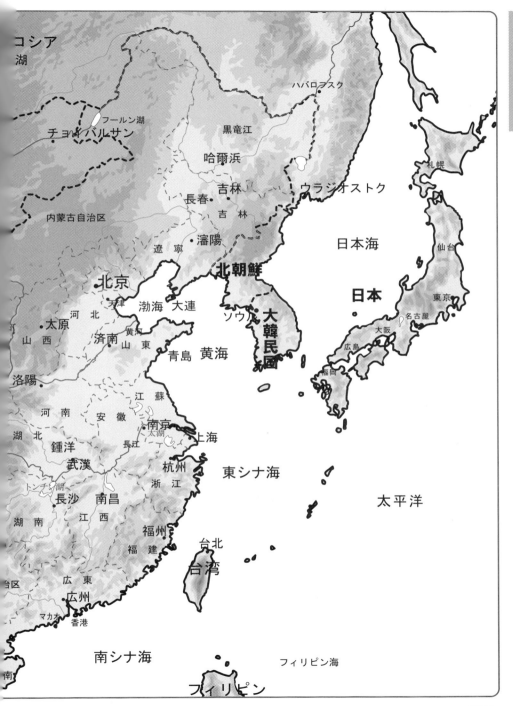

モンゴルの概況

モンゴルのユネスコ遺産　概説

オルホン渓谷の文化的景観
カラコルム遺跡

モンゴルのユネスコ遺産 概説

　本書では、モンゴルを特集します。モンゴルについては、これまでに、「世界遺産ガイド－北東アジア編－」、「世界遺産ガイド－中央アジアと周辺諸国編－」で取り上げたことがあります。

　モンゴルは、東と南の二方向を中国内モンゴル自治区と、西を新疆ウイグル自治区、北をロシア連邦とそれぞれ接する内陸国。首都はウランバートルです。モンゴル高原のうち、外蒙古（がいもうこ、そともうこ）と呼ばれたゴビ砂漠以北の一帯にほぼ該当する領域が国土です。

　モンゴル国の最高峰は、フィティン山（標高4,374m（4,356mとも））、ロシア、中国、モンゴルの国境地帯に連なるタバン・ボグド連山の五つの峰の一つで、山頂は万年雪に覆われている。

　民族は、モンゴル人（全体の95%）及びカザフ人等など、宗教は、チベット仏教等（社会主義時代は衰退していたが民主化（1990年前半）以降に復活しました。1992年2月の新憲法は信教の自由を保障。）。

　モンゴルは、1990年2月2日に世界では109番目に世界遺産条約を締約、2019年11月現在、モンゴルの世界遺産の数は5件です。モンゴル最初の世界遺産は、2003年に登録されたロシア連邦との2か国にまたがる「ウフス・ヌール盆地」（自然遺産（登録基準(ix)(x)）、その後、2004年に「オルホン渓谷の文化的景観」（文化遺産（登録基準(ii)(iii)(iv)）、2011年に「モンゴル・アルタイ山脈の岩壁画群」（文化遺産（登録基準(iii)）、2015年に「グレート・ブルカン・カルドゥン山とその周辺の神聖な景観」（文化遺産（登録基準(iv)(vi)）、2017年にロシア連邦との2か国にまたがる「ダウリアの景観群」（自然遺産（登録基準(ix)(x)）が登録されました。

　モンゴルの自然遺産の特色としては、「ウフス・ヌール盆地」、「ダウリアの景観群」も、その「生態系」と「生物多様性」が評価されていることです。一方、文化遺産の特色としては、「オルホン渓谷の文化的景観」、「モンゴル・アルタイ山脈の岩壁画群」、「グレート・ブルカン・カルドゥン山とその周辺の神聖な景観」、いずれも遺跡であり、その「文化的景観」（人間と自然との相互作用によって生み出された景観）が評価されていることです。従って、モンゴルの世界遺産の特色は、その雄大な自然環境と深く関わっていることがわかります。

　また、世界遺産暫定リストには、「モンゴル・ゴビ砂漠の砂漠景観」、「モンゴル・ゴビ砂漠の白亜紀の恐竜化石発掘地」、「モンゴル東部の大草原」「アマルバヤスラガント寺院と聖なる文化的景観」、「バルダン・ベレーベン寺院とその周辺の神聖物」、「聖なるビンデル山とその関連文化遺産遺跡群」、「匈奴の葬送遺跡群」、「フドー・アラルの考古学遺跡と周辺の文化的景観」、「鹿石モニュメント、青銅器時代の文化の中心地」、「モンゴル・ゴビ砂漠の岩壁画群」、「モンゴル・アルタイの高原群」、「モンゴルの聖山群」の12件が記載されています。

　モンゴルの自然遺産関係は、自然環境・グリーン開発省、文化遺産関係は、文化・スポーツ・観光省が管理しています。

　世界無形文化遺産については、2005年6月に世界では16番目に無形文化遺産保護条約を締約、世界無形文化遺産は15件で、中国の40件、日本の21件、韓国の20件、スペインの19件、トルコとフランスの18件、クロアチアの17件に続いて世界第8位です。

　モンゴルの無形文化遺産は、民謡（オルティン・ドーとボギン・ドー）、ホーミー（喉歌）歌

唱、口笛、楽器の奏法や演奏の形態、賛歌・祝詞、叙事詩の語り聞かせおよび民俗舞踊（ビイやビイルゲー'Bie, Bielgee'）、ツァム（Tsam、仮面）舞踊、シャーマニズム芸能等多様です。

　「代表リスト」には「馬頭琴の伝統音楽」（2008年登録 ← 2003年第2回傑作宣言）、「オルティン・ドー、伝統的民謡の長唄　モンゴル／中国」（2008年登録 ← 2005年第3回傑作宣言）、「モンゴルの伝統芸術のホーミー」（2010年登録）、「ナーダム、モンゴルの伝統的なお祭り」（2010年登録）、「鷹狩り、生きた人間の遺産　アラブ首長国連邦／カタール／サウジアラビア／シリア／モロッコ／モンゴル／韓国／スペイン／フランス／ベルギー／チェコ／オーストリア／ハンガリー／カザフスタン／パキスタン／ドイツ／イタリア／ポルトガル」（2010年*／2012年*／2016年登録）、「モンゴル・ゲルの伝統工芸技術とその関連慣習」（2013年登録）、「モンゴル人のナックルボーン・シューティング」（2014年登録）、「伝統的なフフルでの馬乳酒（アイラグ）の製造技術と関連する慣習」（2019年登録）の8件が登録されています。

　「緊急保護リスト」には「モンゴル・ビエルゲー：モンゴルの伝統的民族舞踊」（2009年登録）、「モンゴル・トゥーリ：モンゴルの叙事詩」（2009年登録）、「ツォールの伝統的な音楽」（2009年登録）、「リンベの民謡長唄演奏技法−循環呼吸」（2011年登録）、「モンゴル書道」（2013年登録）、「ラクダを宥める儀式」（2015年登録）、「聖地を崇拝するモンゴル人の伝統的な慣習」（2017年登録）の7件が登録されています。

　「聖地を崇拝するモンゴル人の伝統的な慣習」（2017年登録）は、2015年に世界遺産リストに登録された「グレート・ブルカン・カルドゥン山と周辺の聖なる景観」も構成要素の一つです。

　世界の記憶については、「黄金史綱（アルタン・トブチ）（1651年）」（2011年登録）、「モンゴル・タンジュールの石碑」（2011年登録／2017年登録名変更）、「9つの宝石で書かれたカンジュール」（2013年登録）の3件が登録されており、いずれも、ウランバートルにあるモンゴル国立図書館に所蔵されています。

　今回、「世界遺産ガイド−モンゴル編−」を発刊する動機になったのは、本年2019年9月25日から10月2日までの約1週間ではありましたが、モンゴル取材の成果によるものです。一番のネックは、写真の入手でしたが、モンゴル・ユネスコ国内委員会やモンゴル国立図書館等のご協力を得られたことでした。

　第二は、日本への関心が高く、日本語を勉強している人が多いのに驚いたことです。また、日本の政府開発援助（ODA）を一元的に行う実施機関として開発途上国への国際協力を行っているJICA（ジャイカ／日本の独立行政法人国際協力機構）などの協力の実績や成果が至る所で見られました。

　第三は、「世界遺産ガイド−モンゴル編−」を発刊する意味や意義をいろいろ考え、発刊する運びとなりました。

モンゴルのユネスコ遺産　概説

ウランバートル市内にある国連ハウス

国連ハウス内にあるモンゴル・ユネスコ国内委員会事務局の
事務局長のウヤンガさん（真ん中）とハリウンさん（右）

※ 世界遺産、世界無形文化遺産、世界の記憶の違い

	世界遺産	世界無形文化遺産	世界の記憶
準拠	世界の文化遺産および自然遺産の保護に関する条約（略称：世界遺産条約）	無形文化遺産の保護に関する条約（略称：無形文化遺産保護条約）	メモリー・オブ・ザ・ワールド・プログラム（略称：MOW）＊条約ではない
採択・開始	1972年	2003年	1992年
目的	かけがえのない遺産をあらゆる脅威や危険から守る為に、その重要性を広く世界に呼びかけ、保護・保全の為の国際協力を推進する。	グローバル化により失われつつある多様な文化を守るため、無形文化遺産尊重の意識を向上させ、その保護に関する国際協力を促進する。	人類の歴史的な文書や記録など、忘却してはならない貴重な記録遺産を登録し、最新のデジタル技術などで保存し、広く公開する。
対象	有形の不動産（文化遺産、自然遺産）	文化の表現形態 ・口承及び表現 ・芸能 ・社会的慣習、儀式及び祭礼行事 ・自然及び万物に関する知識及び慣習 ・伝統工芸技術	・文書類（手稿、写本、書籍等） ・非文書類（映画、音楽、地図等） ・視聴覚類（映画、写真、ディスク等） ・その他　記念碑、碑文など
登録申請	各締約国（193か国） 2019年12月現在	各締約国（178か国） 2019年12月現在	国、地方自治体、団体、個人など
審議機関	世界遺産委員会（委員国21か国）	無形文化遺産委員会（委員国24か国）	ユネスコ事務局長 ↑ 国際諮問委員会
審査評価機関	NGOの専門機関（ICOMOS, ICCROM, IUCN） 現地調査と書類審査	無形文化遺産委員会の評価機関 6つの専門機関と6人の専門家で構成	国際諮問委員会の補助機関　登録分科会専門機関（IFLA, ICA, ICAAA, ICOMなどのNGO）
リスト 登録基準	世界遺産リスト　（1121件） 必要条件：10の基準のうち、1つ以上を完全に満たすこと。 顕著な普遍的価値	人類の無形文化遺産の代表的なリスト（略称：代表リスト）（464件） 必要条件：5つの基準を全て満たすこと。 コミュニティへの社会的役割と文化的な意味	世界の記憶リスト（427件） 必要条件：5つの基準のうち、1つ以上の世界的な重要性を満たすこと。 世界史上重要な文書や記録
危機リスト	危機にさらされている世界遺産リスト（略称：危機遺産リスト）（53件）	緊急に保護する必要がある無形文化遺産のリスト（略称：緊急保護リスト）（64件）	ー
基金	世界遺産基金	無形文化遺産保護基金	世界の記憶基金
事務局	ユネスコ世界遺産センター	ユネスコ文化局無形遺産課	ユネスコ情報・コミュニケーション局知識社会部ユニバーサルアクセス・保存課
指針	オペレーショナル・ガイドラインズ（世界遺産条約履行の為の作業指針）	オペレーショナル・ディレクティブス（無形文化遺産保護条約履行の為の運用指示書）	ジェネラル・ガイドラインズ（記録遺産保護の為の一般指針）
備考			

モンゴルのユネスコ遺産　概説

モンゴルの世界遺産

ウフス・ヌール盆地（Uvs Nuur Basin）
自然遺産（登録基準(ix)(x)）
2003年
モンゴル／ロシア連邦

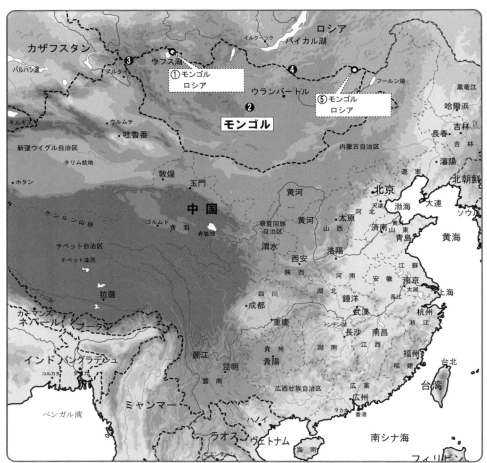

モンゴル国
Mongolia
首都 ウランバートル
世界遺産の数 5 世界遺産条約締約年 1990年

①**ウフス・ヌール盆地**（Uvs Nuur Basin）
自然遺産（登録基準(ix)(x)）
2003年
モンゴル／ロシア連邦

❷**オルホン渓谷の文化的景観**
（Orkhon Valley Cultural Landscape）
文化遺産（登録基準(ii)(iii)(iv)）
2004年

❸**モンゴル・アルタイ山脈の岩壁画群**
（Petroglyphic Complexes of the Mongolian Altai）
文化遺産（登録基準(iii)）
2011年

○自然遺産　●文化遺産　□複合遺産　★危機遺産

❹グレート・ブルカン・カルドゥン山とその周辺の神聖な景観
 (Great Burkhan Khaldun Mountain and its surrounding sacred landscape)
 文化遺産(登録基準(iv)(vi))
 2015年
⑤ダウリアの景観群
 (Landscapes of Dauria)
 自然遺産(登録基準(ix)(x))　　2017年
 モンゴル／ロシア連邦

ダウリアの景観

世界遺産暫定リスト記載物件（12件）

※モンゴル・ゴビ砂漠の砂漠景観

※モンゴル・ゴビ砂漠の白亜紀の恐竜化石発掘地

※モンゴル東部の大草原

※アマルバヤスラガント寺院と聖なる文化的景観

※バルダン・ベレーベン寺院とその周辺の神聖物

※聖なるビンデル山とその関連文化遺産遺跡群

※匈奴の葬送遺跡群

※フドー・アラルの考古学遺跡と周辺の文化的景観

※鹿石モニュメント、青銅器時代の文化の中心地

※モンゴル・ゴビ砂漠の岩絵群

※モンゴル・アルタイ山脈の高原群

※モンゴルの聖山群

ウフス・ヌール盆地

英語名	Uvs Nuur Basin
遺産種別	自然遺産
登録基準	（ix）陸上、淡水、沿岸、及び、海洋生態系と動植物群集の進化と発達において、進行しつつある重要な生態学的、生物学的プロセスを示す顕著な見本であるもの。 （x）生物多様性の本来的保全にとって、もっとも重要かつ意義深い自然生息地を含んでいるもの。これには、科学上、または、保全上の観点から、すぐれて普遍的価値をもつ絶滅の恐れのある種が存在するものを含む。
登録年月	2003年7月（第27回世界遺産委員会パリ会議）
登録遺産の面積	898,063.5ha　　バッファー・ゾーン　170,790ha
登録遺産の概要	ウフス・ヌール盆地は、首都ウランバートルの西北西およそ1000kmにあるモンゴルとロシア連邦にまたがる盆地である。ウフス・ヌール盆地は、モンゴル側のウフス湖とロシア連邦側のヌール湖からなる、広大、浅くて塩分濃度が高いウフス・ヌール湖を中心にその面積は、106.9万haに及ぶ。氷河をともなう高山帯、タイガ、ツンドラ、砂漠・半砂漠、ステップを含み、中央アジアにおける主要な生態系が全て見られる。この辺りは中央アジア砂漠の最北地で、3000m級の山々がウフス湖を囲むように連なっている。そしてモンゴル側の7710km^{2}が、ロシア側の2843km^{2}がユネスコの生物圏保護区に指定されている。ここに残された豊かな自然は、美しい景観だけではなく、多くの野生生物の生息地となっている。動物では、オオカミ、ユキヒョウ、オオヤマネコ、アルタイイタチ、イノシシ、エルク、アイベックス、モウコガゼル、鳥類では、220種を数え、その中には稀少種、絶滅危惧種も含まれ、ユーラシアヘラサギ、インドガン、オジロワシ、オオハクチョウなどが生息する。植物では、凍原性のカモジグサ属やキジムシロ属の草、ツンドラのヒゲハリスゲ、ベトゥラ・ナナ、イソツツジなどの低木、山岳針葉木のヨーロッパアカマツやケカンバなどが挙げられる。
分類	生態系、生物多様性
物件所在地	モンゴル　ウブス県／ロシア
備考	生物圏保存地域（ユネスコエコパーク）　1997年 ラムサール条約登録湿地　2004年
参考URL	ユネスコ世界遺産センター　http://whc.unesco.org/en/list/769

世界遺産ガイドーモンゴル編ー

ウフス・ヌール盆地

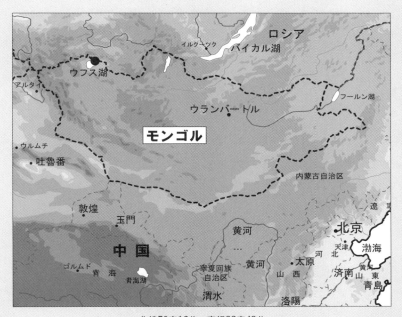

北緯50度16分　東経92度43分

モンゴルの世界遺産

シンクタンクせとうち総合研究機構

オルホン渓谷の文化的景観

英語名	Orkhon Valley Cultural Landscape
遺産種別	文化遺産
登録基準	（ii）ある期間を通じて、または、ある文化圏において、建築、技術、記念碑的芸術、町並み計画、景観デザインの発展に関し、人類の価値の重要な交流を示すもの。 （iii）現存する、または、消滅した文化的伝統、または、文明の、唯一の、または、少なくとも稀な証拠となるもの。 （iv）人類の歴史上重要な時代を例証する、ある形式の建造物、建築物群、技術の集積、または、景観の顕著な例。
登録年月	2004年7月（第28回世界遺産委員会蘇州会議）
登録遺産の面積	121,967ha　　バッファー・ゾーン　61,044ha

登録遺産の概要　オルホン渓谷の文化的景観は、ウランバートルの南西360km、モンゴルの中央部にあるオルホン川両岸に広がる草原の渓谷。オルホン渓谷は、2000年にわたって遊牧生活が営まれてきた場所で、数多くの考古学遺跡が見つかっている。オルホン渓谷の文化的景観は、6～7世紀のトルコの史跡、8～9世紀のウィグル族の首都ハル・バルガス、13～14世紀のモンゴル帝国のチンギス・ハン（成吉思汗・テムジン　在位1206～1227年）の息子オゴタイが1235年につくったカラコルムなど5つの重要な史跡も含む。モンゴルの遊牧民による草原でのゲル（移動式の家屋）での生活、それに、競馬とモンゴル相撲と弓を競う「ナーダム」もこの地に継承されている。

分類	遺跡、文化的景観
物件所在地	オルホン・カーコーリン地域のウブルハンガイ県
構成資産	6～7世紀　トルコの遺跡群 8～9世紀　ウィグル族の首都カル・バルカス遺跡 13～14世紀　モンゴル帝国の古都カラコルム遺跡 モンゴル初の仏教寺院エルデネ・ゾー寺院 トゥフン寺 シャンク寺院 オゴダイの居城と考えられるドイト丘陵にある宮殿跡 古代都市バヤンゴルなど 鹿石群と古代の墳墓群 聖山ハンガイ山脈 遊牧の長き伝統
博物館	カラコルム歴史博物館（モンゴル内閣・JICAの共同プロジェクト）
参考URL	ユネスコ世界遺産センター　http://whc.unesco.org/en/list/1081

世界遺産ガイドーモンゴル編ー

モンゴル初の仏教寺院エルデネ・ゾー寺院

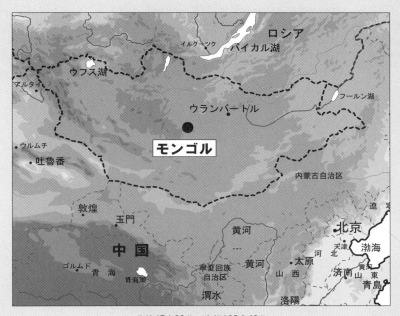

北緯47度33分　東経102度49分

モンゴルの世界遺産

シンクタンクせとうち総合研究機構

モンゴル・アルタイ山脈の岩壁画群

英語名	Petroglyphic Complexes of the Mongolian Altai
遺産種別	文化遺産
登録基準	(iii) 現存する、または、消滅した文化的伝統、または、文明の、唯一の、または、少なくとも稀な証拠となるもの。
登録年月	2011年6月（第35回世界遺産委員会パリ会議）
登録遺産の面積	11,130ha　　バッファー・ゾーン　10,700ha

登録遺産の概要　モンゴル・アルタイ山脈の岩壁画群は、モンゴルの西部、ロシアの西シベリアとモンゴルにまたがるアルタイ山脈のモンゴル側のバヤンオルギー県ウラーン・ホス郡とツインガル郡に残っている。ツガーン・ザラー川とバガ・オイゴル川の合流域、アッパー・ツァガン・ゴル、アリア・トルゴイの3つの地域の岩場や洞窟で発見された数多くの岩壁画や葬祭遺跡から、12000年にわたるモンゴル文化の発展の歴史がわかる。初期の岩壁画からは、紀元前11,000年～紀元前6000年の時代の森や谷での鹿などの狩猟採集の様子がわかる。その後の岩壁画では、高度な生活様式である羊やヤギなどの家畜の移り変わりがわかる。最も新しい岩壁画では、紀元前の最初の100年間、スキタイ時代、7～8世紀のトルコ時代における馬、ヤク、牛、ラクダとの遊牧生活の推移がわかる。モンゴル・アルタイ山脈の岩壁画群は、北部アジアにおける先史時代の気候、生活、風土など地域コミュニティを理解するのに大変貴重である。

分類	遺跡群、文化的景観群
物件所在地	バヤンオルギー県ウラーン・ホス郡、ツインガル郡
構成資産	●ツァガーン・サラー・バガ・オイゴル（Tsagaan Salaa-Baga Oigor） ●上ツァガーン・ゴル（Upper Tsagaan Gol） ●アラル・トルゴイ（Aral Tolgoi）
参考URL	ユネスコ世界遺産センター　http://whc.unesco.org/en/list/1382

モンゴル・アルタイ山脈の岩壁画群

北緯49度20分　東経88度23分

グレート・ブルカン・カルドゥン山とその周辺の神聖な景観

英語名	Great Burkhan Khaldun Mountain and its surrounding sacred landscape
遺産種別	文化遺産
登録基準	(iv) 人類の歴史上重要な時代を例証する、ある形式の建造物、建築物群、技術の集積、または、景観の顕著な例。 (vi) 顕著な普遍的な意義を有する出来事、現存する伝統、思想、信仰、または、芸術的、文学的作品と、直接に、または、明白に関連するもの。
登録年月	2015年7月 （第39回世界遺産委員会ボン会議）
登録遺産の面積	443,739.2ha　　バッファー・ゾーン　271,651.17ha
登録遺産の概要	グレート・ブルカン・カルドゥン山とその周辺の神聖な景観は、モンゴルの北東部、トゥブ県ムングンモリト郡とヘンティー県ウムヌデルゲル郡、ヘンティー山脈の中央部に見られる景観。ブルカンとは、モンゴル語で、「神」や「仏」を、カルドゥンとは、「山」や「丘」を意味する。従って、山名のブルカン・カルドゥンは、「神（仏）の山（丘）」を意味する。ブルカン・カルドゥンは、モンゴル帝国の初代皇帝チンギス・カン（ハン、ハーン）1162〜1227年）の生誕地にして墓所であるといわれ、中世モンゴルの歴史書「元朝秘史」にも書かれている伝統的な崇拝の場で、神聖視されており、広大な中央アジアの大草原とシベリア・タイガの針葉樹の森林群とが合流する地点でもある。ブルカン・カルドゥンは、聖山群、川群、それに、オボー（モンゴルで建てられる一種のケルン（標柱））の崇拝とも関係づけられており、1990年代から、伝統的な山岳信仰の復興の為の公的支援が行われている。ブルカン・カルドゥンは、1206年にモンゴル帝国の基礎を築いたチンギス・カンの埋葬地であると共に彼が存命中に山岳信仰の対象として指定した四聖山の一つであり、モンゴル人の国家の揺り籠であると考えられている。
分類	遺跡、文化的景観
物件所在地	トゥブ県ムングンモリト郡、ヘンティー県ウムヌデルゲル郡
備考	「モンゴルの聖なる山々」として1996年にボグド・ハーン山、オトゴンテングル山と共に暫定リスト掲載後、構成資産を追加し複合遺産の候補となったが、2015年の第39回世界遺産委員会ボン会議では環境整備が整ったブルカン・カルドゥンだけを推薦し正式に世界遺産に登録された。
参考URL	ユネスコ世界遺産センター　http://whc.unesco.org/en/list/1440

世界遺産ガイド－モンゴル編－

グレート・ブルカン・カルドゥン山とその周辺の神聖な景観

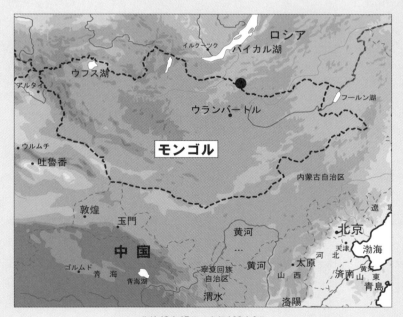

北緯48度45分　東経109度0分

モンゴルの世界遺産

ダウリアの景観群

英語名	**Landscapes of Dauria**
遺産種別	自然遺産
登録基準	（ix）陸上、淡水、沿岸、及び、海洋生態系と動植物群集の進化と発達において、進行しつつある重要な生態学的、生物学的プロセスを示す顕著な見本であるもの。 （x）生物多様性の本来的保全にとって、もっとも重要かつ意義深い自然生息地を含んでいるもの。これには、科学上、または、保全上の観点から、すぐれて普遍的価値をもつ絶滅の恐れのある種が存在するものを含む。
登録年月	2017年7月（第41回世界遺産委員会クラクフ会議）
登録遺産の面積	912,624ha　　バッファー・ゾーン　307,317ha

登録遺産の概要　ダウリアの景観群は、モンゴルの北東部のドルノド県のチュルーンホロート郡、ダシュバルバル郡、グルバンザガル郡、ロシア連邦の南東部のザバイカリエ地方のオノン地区、ザバイカリスク地区などにある。世界遺産の構成資産は、モンゴルのダウリアの景観、ダグール特別保護地域、ウグゥタム自然保護区、ロシア連邦のダウルスキー自然生物圏保護区、ダウリアの景観からなる。登録面積は912,624ha、バッファー・ゾーンは307,317haである。この様にモンゴルとロシア連邦の2か国にまたがる、ダウリアの半砂漠の草原地帯であるステップ・エコリージョンの顕著な事例であり、モンゴルの東部から、ロシアのシベリアや中国の北東部へと広がる。明確に雨季と乾季がある循環的な気候変動は、生物種の多様性や世界的に重要な生態系を生み出している。草原や森林、湖沼群や湿地群の様な異なるステップのタイプは、マナヅルやノガン、絶滅危惧種の渡り鳥の様な希少な動物種の生息地になっており、モンゴル・ガゼルの移動経路の重要拠点にもなっている。

分類	生態系、生物多様性
物件所在地	モンゴル　ドルノド県チュルーンホロート郡、ダシュバルバル郡、グルバンザガル郡 ロシア連邦　ザバイカリエ地方オノン地区、ザバイカリスク地区
構成資産	モンゴル　ダウリアの景観、ダグール特別保護地域、ウグゥタム自然保護区、 ロシア連邦　ダウルスキー自然生物圏保護区、ダウリアの景観
参考URL	ユネスコ世界遺産センター　http://whc.unesco.org/en/list/1448

世界遺産ガイド－モンゴル編－

ダウリアの景観群

北緯49度55分　東経115度25分

モンゴルの世界遺産

＜参考＞ 世界無形文化遺産のキーワード

※http://www.unesco.org/culture/ich/index

- 無形遺産　Intangible Heritage
- 保護　Safeguarding
- 人類、人間　Humanity
- 口承による伝統及び表現　Oral traditions and expressions
- 芸能　Performing arts
- 社会的慣習、儀式及び祭礼行事　Social practices, rituals and festive events
- 自然及び万物に関する知識及び慣習　Knowledge and practices concerning nature and the universe
- 伝統工芸技術　Traditional craftsmanship
- 条約　Convention
- 締約国　State Party
- 事務局　Secretariat
- 運用指示書　Operational Directives
- エンブレム　Emblem
- 倫理原則　Ethical principles
- 登録申請書類の書式　Nomination forms
- 多国間の登録申請　Multi-national nomination
- 定期報告　Periodic reporting
- 総会　General Assembly
- 政府間委員会　Intergovernmental Committee（IGC）
- 認定された非政府組織　Accredited NGO
- 評価　Evaluation
- 非政府組織、機関、専門家　NGO, institutions and experts
- 無形文化遺産　Intangible Cultural Heritage
- 無形遺産リスト　Intangible Heritage Lists
- 緊急保護リスト　Urgent Safeguarding List（USL）
- 代表リスト　Representative List（RL）
- 登録基準　Criteria for inscription
- 文化の多様性　Cultural Diversity
- グッド・プラクティス（好ましい保護の実践事例）　Good Safeguarding Practices
- 選定基準　Criteria for selection
- 啓発　Raising awareness
- 能力形成　Capacity building
- 地域社会　Community
- ファシリテーター（中立的立場での促進者・世話人）　Facilitator
- 国際援助　International Assistance
- 適格性　Eligibility
- 資金提供者とパートナー　Donors and partners
- （役立つ情報）資源　Resources
- 持続可能な発展　Sustainable Development

モンゴルの世界無形文化遺産

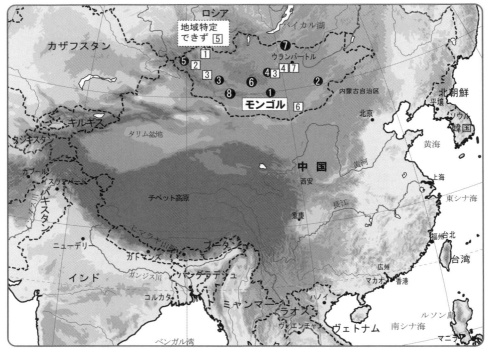

モンゴル国 Mongolia
首都　ウランバートル
代表リストへの登録数　8
緊急保護リストへの登録数　7
条約締約年　2005年

＊代表リストに登録されている無形文化遺産

❶ 馬頭琴の伝統音楽（Traditional music of the Morin Khuur）
2008年 ← 2003年第2回傑作宣言

❷ オルティン・ドー、伝統的民謡の長唄（Urtiin Duu, traditional folk long song）
モンゴル／中国
2008年 ← 2005年第3回傑作宣言

❸ モンゴルの伝統芸術のホーミー（The Mongolian traditional art of Khoomei）2010年

❹ ナーダム、モンゴルの伝統的なお祭り（Naadam, Mongolian traditional festival）2010年

❺ 鷹狩り、生きた人間の遺産（Falconry, a living human heritage）
アラブ首長国連邦／カタール／サウジアラビア／シリア／モロッコ／モンゴル／韓国／スペイン／フランス／ベルギー／チェコ／オーストリア／ハンガリー／カザフスタン／パキスタン／ドイツ／イタリア／ポルトガル　2010年＊／2012年＊／2016年

❻ モンゴル・ゲルの伝統工芸技術とその関連慣習
（Traditional craftsmanship of the Mongol Ger and its associated customs）　2013年

❼ モンゴル人のナックルボーン・シューティング（Mongolian knuckle-bone shooting）2014年

❽ 伝統的なフフルでの馬乳酒（アイラグ）の製造技術と関連する慣習
（Traditional technique of making Airag in Khokhuur and its associated customs）　2019年

＊ 2010年にアラブ首長国連邦など11か国で登録、2012年にオーストリア、ハンガリー、2016年にカザフスタン、パキスタン、イタリア、ポルトガル、ドイツを加え、18か国で新規登録となった。

＊緊急保護リストに登録されている無形文化遺産

① モンゴル・ビエルゲー：モンゴルの伝統的民族舞踊
　（Mongol Biyelgee:Mongolian traditional folk dance）　　2009年　★【緊急保護】
② モンゴル・トゥーリ：モンゴルの叙事詩（Mongol Tuuli:Mongolian epic）
　2009年　★【緊急保護】
③ ツォールの伝統的な音楽（Traditional music of the Tsuur）　2009年　★【緊急保護】
④ リンベの民謡長唄演奏技法−循環呼吸
　（Folk long song performance technique of Limbe performances - circular breathing）
　2011年　★【緊急保護】
⑤ モンゴル書道（Mongolian calligraphy）　　2013年　★【緊急保護】
⑥ ラクダを宥める儀式（Coaxing ritual for camels）　　2015年　★【緊急保護】
⑦ 聖地を崇拝するモンゴル人の伝統的な慣習
　((Mongolian traditional practices of worshipping the sacred sites)　2017年　★【緊急保護】

伝統芸能・民俗芸能の保存および振興に尽力する国の機関・組織
○モンゴル文化芸術研究所（The Research Institute of Arts and Culture of Mongolia）
○モンゴル科学アカデミー言語文化研究所
　(The Institute of Language and Literature of the Mongolian Academy of Science)
○モンゴル国立無形文化遺産センター（The Mongolian National Center for Intangible Cultural Heritage）
○モンゴル国立人民歌舞団（Mongolian National Ensemble of Folk Song and Dance）

伝統芸能・民俗芸能の分野で活動するおもな非政府組織（NGO）
○モンゴル伝統芸術研究者・支援者協会（Researchers and Supporters Society for Mongolian Traditional Art）
○モンゴル・シャーマニズム研究センター（Mongolian Center for Shamanistic Research）
○モンゴル讃歌・祝詞唱者協会（Mongolian Society of Eulogists and Well-Wishers）
○モンゴル・モリン・ホール（馬頭琴）演奏家協会（Mongolian Society of Morin huur Musicians）
○モンゴル・オルティン・ドー歌手協会（Mongolian Society of Urtiin Duu Singers）

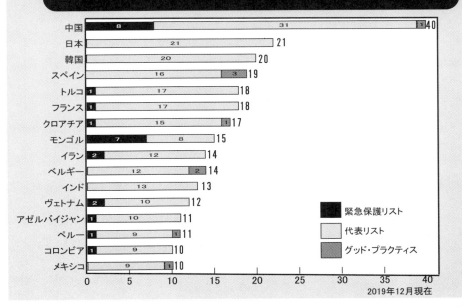

世界無形文化遺産の数の上位国
2019年12月現在

馬頭琴の伝統音楽

準拠 無形文化遺産の保護に関する条約（略称：無形文化遺産保護条約）

目的 グローバル化により失われつつある多様な文化を守る為、無形文化遺産尊重の意識を向上させ、その保護に関する国際協力を促進する。

登録遺産名 Traditional music of the Morin Khuur

人類の無形文化遺産の代表的なリスト（略称：代表リスト）への登録年
2008年 ← 2003年第2回傑作宣

登録遺産の概要 馬頭琴とは、13・14世紀に隆盛を誇ったモンゴル帝国時代から700年以上の長い歴史を持つチェロの音色に似た楽器で、モンゴルの遊牧民族の間に古くから伝わる伝統的な民族楽器である。馬頭琴は、モンゴル語では、「モリン・ホール」（馬の楽器）と呼ばれている。馬頭琴は、馬の尻尾の毛を束ねた2弦（外弦は約120本、内弦は約80本）で、胴は六角、八角、台形などの形をしており、両面には、馬の皮、或は、木板が張られ、棹の先端には馬の頭部の彫刻が施され、馬の尻尾の毛で作られた弓で弾く。馬頭琴の音色は、力強さと繊細さを兼ね備えており、独奏、合奏、それに、長歌のオルティンドーなどの伴奏に用いられ、モンゴル民族の伝統音楽になっている。

分類 芸能、社会的慣習、儀式及び祭礼行事、伝統工芸

登録基準 「代表リスト」への登録申請にあたっては、次のR.1～R.5までの5つの基準を全て満たさなければならない。

R.1 要素は、条約第2条で定義された無形文化遺産を構成すること。
R.2 要素の登録は、無形文化遺産の認知と重要性の意識の向上が確保され、世界の文化の多様性を反映し、人類の創造性を示す対話が奨励されること。
R.3 要素を保護し促進する保護措置が図られていること。
R.4 要素は、関係するコミュニティー、集団、或は、場合によっては、個人の可能な限り幅広い参加、そして、彼らの自由な、事前説明を受けた上での同意をもって申請されたものであること。
R.5 要素は、条約第11条と第12条で定義された、締約国の領域内にある無形文化遺産の提出目録に含まれていること。

参考URL https://ich.unesco.org/en/RL/ancient-georgian-traditional-qvevri-wine-making-method-00068

世界遺産ガイドーモンゴル編ー

馬頭琴

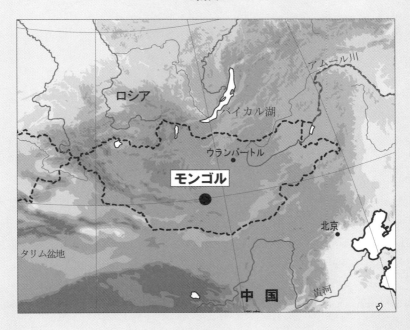

モンゴルの世界無形文化遺産

シンクタンクせとうち総合研究機構

オルティン・ドー、伝統的民謡の長唄

準拠　　　　　無形文化遺産の保護に関する条約（略称：無形文化遺産保護条約）

目的　　　　　グローバル化により失われつつある多様な文化を守る為、無形文化遺産尊重の意識を向上させ、その保護に関する国際協力を促進する。

登録遺産名　　**Urtiin Duu, traditional folk long song**

人類の無形文化遺産の代表的なリスト（略称：代表リスト）への登録年　2008年

登録遺産の概要　オルティン・ドー、伝統的民謡の長唄は、短い唄のボギノ・ドーと共にモンゴルと中国の内モンゴル自治区で2000年にもわたり口承されてきた表現形態の2つの主要な歌の一つである。オルティン・ドーは、声を長く伸ばして声を長く伸ばし喉を振るわせる独特の歌唱法で、主に馬頭琴の伴奏によって歌われる。オルティン・ドーは、重要な祝賀やフェスティバルに伴う儀式の形式として、モンゴル社会では誉れ高い役割を果たしている。オルティン・ドーは、結婚式、新居の落成、子供の誕生などモンゴルの遊牧民族社会の祝典で演じられる伝統芸能である。オルティン・ドーは、年に一度開催される国民的な相撲、弓射、競馬などスポーツ競技の祭典ナーダムでも聞くことができる。しかしながら、オルティン・ドーは、草原での遊牧民族の生活様式の変化と共に多くの伝統的な慣習や様式が失われ、その多様なレパートリーも失せつつある。

分類　　　　　口承及び表現（伝達手段としての言語を含む）、芸能、社会的慣習、儀式及び祭礼行事

地域　　　　　モンゴル／中国　2008年　←　2005年第3回傑作宣言

登録基準　　「代表リスト」への登録申請にあたっては、次のR.1～R.5までの5つの基準を全て満たさなければならない。

R.1　要素は、条約第2条で定義された無形文化遺産を構成すること。
R.2　要素の登録は、無形文化遺産の認知と重要性の意識の向上が確保され、世界の文化の多様性を反映し、人類の創造性を示す対話が奨励されること。
R.3　要素を保護し促進する保護措置が図られていること。
R.4　要素は、関係するコミュニティー、集団、或は、場合によっては、個人の可能な限り幅広い参加、そして、彼らの自由な、事前説明を受けた上での同意をもって申請されたものであること。
R.5　要素は、条約第11条と第12条で定義された、締約国の領域内にある無形文化遺産の提出目録に含まれていること。

参考URL　https://ich.unesco.org/en/RL/ancient-georgian-traditional-qvevri-wine-making-method-00115

世界遺産ガイド－モンゴル編－

オルティン・ドー、伝統的民謡の長唄

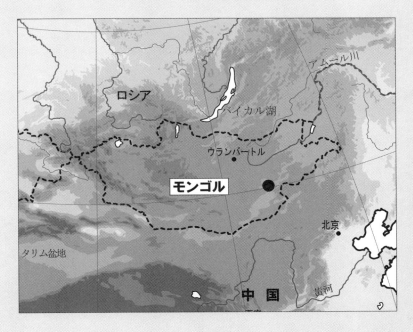

モンゴルの世界無形文化遺産

モンゴルの伝統芸術のホーミー

準拠	無形文化遺産の保護に関する条約（略称：無形文化遺産保護条約）
目的	グローバル化により失われつつある多様な文化を守る為、無形文化遺産尊重の意識を向上させ、その保護に関する国際協力を促進する。
登録遺産名	The Mongolian traditional art of Khoomei

人類の無形文化遺産の代表的なリスト（略称：代表リスト）への登録年　2010年

登録遺産の概要　モンゴルの伝統芸術のホーミーは、モンゴルの西部のアルタイ地方、ホブド県のホブド市、オブス県のオラーンゴム、バヤン・ウルギー県、それに、ザブハン県などを発祥とする伝統的な喉歌である。ホーミーは、声帯を振動させながら気管や口腔で倍音を共鳴させ、同時に二つ、或は、三つの音声を発する技巧の唱法。ホーミーには、鼻、口と鼻、声門、胸、喉の5種類がある。ロシア連邦のトゥヴァ共和国、カルムイク共和国、バシキール共和国、ハカス共和国、中国の内モンゴル自治区や新疆ウイグル自治区などモンゴルの近隣国のコミュニティがモンゴル人と共にホーミー芸術を共有している。史料によると、彼らは中央アジアの生粋のモンゴル遊牧民の子孫である。

分類　口承及び表現（伝達手段としての言語を含む）、芸能、社会的慣習、儀式及び祭礼行事 伝統工芸

地域　アルタイ地方、ホブド県のホブド市、オブス県のオラーンゴム、バヤン・ウルギー県、それに、ザブハン県

登録基準　「代表リスト」への登録申請にあたっては、次のR.1～R.5までの5つの基準を全て満たさなければならない。

- R.1　要素は、条約第2条で定義された無形文化遺産を構成すること。
- R.2　要素の登録は、無形文化遺産の認知と重要性の意識の向上が確保され、世界の文化の多様性を反映し、人類の創造性を示す対話が奨励されること。
- R.3　要素を保護し促進する保護措置が図られていること。
- R.4　要素は、関係するコミュニティー、集団、或は、場合によっては、個人の可能な限り幅広い参加、そして、彼らの自由な、事前説明を受けた上での同意をもって申請されたものであること。
- R.5　要素は、条約第11条と第12条で定義された、締約国の領域内にある無形文化遺産の提出目録に含まれていること。

参考URL　https://ich.unesco.org/en/RL/ancient-georgian-traditional-qvevri-wine-making-method-00396

世界遺産ガイドーモンゴル編ー

モンゴルの伝統芸術のホーミー

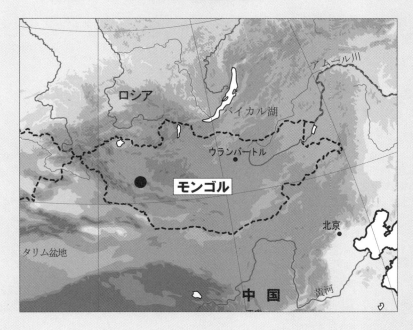

モンゴルの世界無形文化遺産

シンクタンクせとうち総合研究機構　　93

ナーダム、モンゴルの伝統的なお祭り

準拠	無形文化遺産の保護に関する条約（略称：無形文化遺産保護条約）
目的	グローバル化により失われつつある多様な文化を守る為、無形文化遺産尊重の意識を向上させ、その保護に関する国際協力を促進する。
登録遺産名	**Naadam, Mongolian traditional festival**

人類の無形文化遺産の代表的なリスト（略称：代表リスト）への登録年　2010年

登録遺産の概要　ナーダム、モンゴルの伝統的なお祭りは、モンゴルの中央部や西部の地域など中央アジアの広大な草原で繰り広げられる武術大会。ナーダムは、モンゴル語で、一般的に「祭典」を意味する。毎年7月11日の革命記念日から3日間行われ、競馬、モンゴル相撲、弓射の3つの競技が中心行事である。競馬は、騎手は子供で、馬齢別に競技を行う。相撲は、数百人の力士が出場し、トーナメント方式で競う。弓射は、個人戦と団体戦があり、的までの距離は男性75m、女性65mである。全国各地で開催されるが、首都ウランバートルのナーダム祭が有名である。ロシアのブリヤート地域とカルムイク地域、それに、中国の内モンゴル自治共和国は、他の地域では、ナーダムの慣習がほとんど失せつつあるにもかかわらず、折に触れてナーダムを祝っている。

分類　口承及び表現（伝達手段としての言語を含む）、芸能、社会的慣習、儀式及び祭礼行事
　　　　自然及び万物に関する知識及び慣習、伝統工芸

地域　首都ウランバートルなど。

登録基準　「代表リスト」への登録申請にあたっては、次のR.1～R.5までの5つの基準を
　　　　全て満たさなければならない。

- R.1　要素は、条約第2条で定義された無形文化遺産を構成すること。
- R.2　要素の登録は、無形文化遺産の認知と重要性の意識の向上が確保され、世界の文化の多様性を反映し、人類の創造性を示す対話が奨励されること。
- R.3　要素を保護し促進する保護措置が図られていること。
- R.4　要素は、関係するコミュニティー、集団、或は、場合によっては、個人の可能な限り幅広い参加、そして、彼らの自由な、事前説明を受けた上での同意をもって申請されたものであること。
- R.5　要素は、条約第11条と第12条で定義された、締約国の領域内にある無形文化遺産の提出目録に含まれていること。

参考URL　https://ich.unesco.org/en/RL/ancient-georgian-traditional-qvevri-wine-making-method-00395

ナーダム、モンゴルの伝統的なお祭り

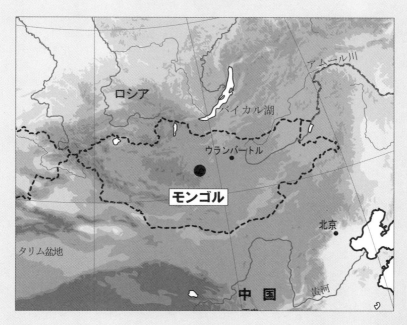

モンゴルの世界無形文化遺産

鷹狩り、生きた人間の遺産

準拠	無形文化遺産の保護に関する条約（略称：無形文化遺産保護条約）
目的	グローバル化により失われつつある多様な文化を守る為、無形文化遺産尊重の意識を向上させ、その保護に関する国際協力を促進する。
登録遺産名	Falconry, a living human heritage

人類の無形文化遺産の代表的なリスト（略称：代表リスト）への登録年　2010年／2012年／2016年

登録遺産の概要　鷹狩り、生きた人間の遺産は、アラブ首長国連邦アブダビ首長国、ベルギーのフランダース地方、チェコのモラヴィア地方、フランスのブルターニュ地方イレヴィレーヌ県、韓国の大田広域市東区、全羅北道鎮安郡、モンゴルのバヤンウルギー県の少数民族のカザフ族、モロッコのドゥカラ・アブダ地域のカセム・ウラド・フラ二族、カタール北部のアル・ホール、サウジアラビア北部のサカカ・ジャウフ地域、スペインのカスティーリャ・イ・レオン州、シリア中央部のホムス県などで、鷹を訓練し、野生の餌を捕まえる伝統的な狩猟の方法をいう。鷹狩りは、コミュニティやクラブに支えられ伝統的な衣装、食物、歌、音楽、詩、舞踊などより広い文化遺産の基礎を形成する。韓国の場合、主に寒露（10月8日頃）と冬至の間に行われた。鷹狩りに対する登録申請は、アラブ首長国連邦、カタール、サウジアラビア、シリア、モロッコ、モンゴル、韓国、スペイン、フランス、ベルギー、チェコの11か国が賛同し、アラブ首長国連邦が代表して登録申請、2010年に実現、2012年にはオーストリアとハンガリーを、2016年にはカザフスタン、パキスタン、イタリア、ポルトガル、ドイツを登録対象国に加え、18か国での共同登録となった。

分類　口承及び表現（伝達手段としての言語を含む）、社会的慣習、儀式及び祭礼行事　自然及び万物に関する知識及び慣習、伝統工芸

地域　バヤンウルギー県

登録基準　「代表リスト」への登録申請にあたっては、次のR.1〜R.5までの5つの基準を全て満たさなければならない。

- R.1　要素は、条約第2条で定義された無形文化遺産を構成すること。
- R.2　要素の登録は、無形文化遺産の認知と重要性の意識の向上が確保され、世界の文化の多様性を反映し、人類の創造性を示す対話が奨励されること。
- R.3　要素を保護し促進する保護措置が図られていること。
- R.4　要素は、関係するコミュニティー、集団、或は、場合によっては、個人の可能な限り幅広い参加、そして、彼らの自由な、事前説明を受けた上での同意をもって申請されたものであること。
- R.5　要素は、条約第11条と第12条で定義された、締約国の領域内にある無形文化遺産の提出目録に含まれていること。

参考URL　https://ich.unesco.org/en/RL/ancient-georgian-traditional-qvevri-wine-making-method-01209

世界遺産ガイド－モンゴル編－

鷹狩り、生きた人間の遺産

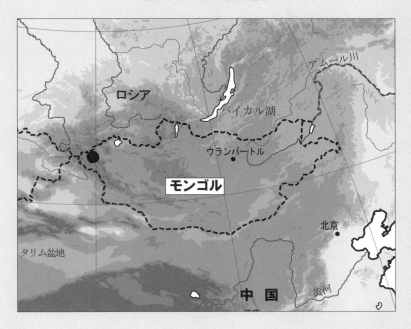

モンゴルの世界無形文化遺産

シンクタンクせとうち総合研究機構

モンゴル・ゲルの伝統工芸技術とその関連慣習

準拠 無形文化遺産の保護に関する条約（略称：無形文化遺産保護条約）

目的 グローバル化により失われつつある多様な文化を守る為、無形文化遺産尊重の意識を向上させ、その保護に関する国際協力を促進する。

登録遺産名 Traditional craftsmanship of the Mongol Ger and its associated customs

人類の無形文化遺産の代表的なリスト（略称：代表リスト）への登録年 2013年

登録遺産の概要 モンゴル・ゲルの伝統工芸技術とその関連慣習は、モンゴルの中央部、ハンガイ山脈の南部のウブルハンガイ県などに住む遊牧民が、古くから男女を問わず、家族或はグループ単位で伝統的な移動式住居のゲルをつくる慣わしである。ゲルは円形で、中心の2本の柱で支えられた骨組みで、屋根は、中心から放射状に梁が渡されている。これに羊の毛でつくったフェルトをかぶせ覆いをする。壁の外周部分の骨格は木組みで、菱格子に組んであり接合部はピン構造になっているので蛇腹式に折り畳める。木組みの軸にあたる部分にはラクダの腱が使われる。冬の寒さが厳しい時には、フェルトを二重張りにし、オオカミなどの毛皮を張り巡らして防寒する。中央にストーブを兼ねた炉を置いて、暖をとり、料理をするのに使う。夏の暑い時には、フェルトの床部分をめくって、通風をよくすることができる。ゲルの内部は、直径4〜6mほどの空間で、ドアがある正面は南向きにし、入って向かって左側が男性の部屋、向かって右側が女性の部屋になっている。正面は、最も神聖な場所で、仏壇が置かれる。頂上部は、換気や採光の為の開閉可能な天窓になっており、ストーブの煙突を出すことも可能である。モンゴルのゲルは、伝統的な住居として、遊牧民の家族にとって、重要な社会的、文化的な役割を果たしていると共に、その製作者は尊敬されている。

分類 社会的慣習、儀式及び祭礼行事、伝統工芸

地域 ウブルハンガイ県など。

登録基準 「代表リスト」への登録申請にあたっては、次のR.1〜R.5までの5つの基準を全て満たさなければならない。

R.1 要素は、条約第2条で定義された無形文化遺産を構成すること。
R.2 要素の登録は、無形文化遺産の認知と重要性の意識の向上が確保され、世界の文化の多様性を反映し、人類の創造性を示す対話が奨励されること。
R.3 要素を保護し促進する保護措置が図られていること。
R.4 要素は、関係するコミュニティー、集団、或は、場合によっては、個人の可能な限り幅広い参加、そして、彼らの自由な、事前説明を受けた上での同意をもって申請されたものであること。
R.5 要素は、条約第11条と第12条で定義された、締約国の領域内にある無形文化遺産の提出目録に含まれていること。

参考URL https://ich.unesco.org/en/RL/ancient-georgian-traditional-qvevri-wine-making-method-00872

モンゴル・ゲルの伝統工芸技術とその関連慣習

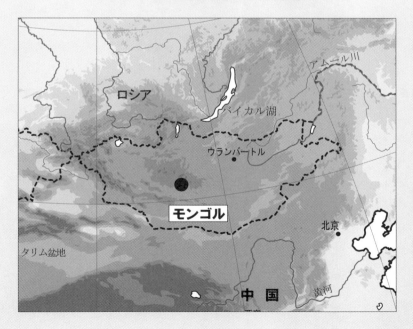

モンゴルの世界無形文化遺産

モンゴル人のナックルボーン・シューティング

準拠	無形文化遺産の保護に関する条約（略称：無形文化遺産保護条約）
目的	グローバル化により失われつつある多様な文化を守る為、無形文化遺産尊重の意識を向上させ、その保護に関する国際協力を促進する。
登録遺産名	**Mongolian knuckle-bone shooting**

人類の無形文化遺産の代表的なリスト（略称：代表リスト）への登録年 2014年

登録遺産の概要 モンゴル人のナックルボーン・シューティングは、モンゴルの全土、ドンドゴビ県、ドルノゴビ県、ウムヌゴビ県、ウブルハンガ県、ヘレティー県、セレンゲ県、ボルガン県などで広く普及している伝統的なナーダム祭に行われるスポーツ・ゲームで、家畜の羊の足のくるぶしの骨、シャガイを指で弾いて、数メートル先にある標的に当てる競技である。モンゴル人のナックルボーン・シューティングは、1チームが6～8名のメンバーで構成された伝統的なシャガイの競技を通じて、古代から継承されてきた。ナックルボーン・シューティングの伝統は、異なる背景からのチームのメンバーに親近感をもたらし、彼らの年長者に対するふれあいと尊敬の念を抱かせ、社会的な結束を強化する。

分類 口承及び表現（伝達手段としての言語を含む）、社会的慣習、儀式及び祭礼行事
伝統工芸

地域 ドンドゴビ県、ドルノゴビ県、ウムヌゴビ県、ウブルハンガ県、ヘレティー県、セレンゲ県、ボルガン県など。

登録基準 「代表リスト」への登録申請にあたっては、次のR.1～R.5までの5つの基準を全て満たさなければならない。

R.1 要素は、条約第2条で定義された無形文化遺産を構成すること。
R.2 要素の登録は、無形文化遺産の認知と重要性の意識の向上が確保され、世界の文化の多様性を反映し、人類の創造性を示す対話が奨励されること。
R.3 要素を保護し促進する保護措置が図られていること。
R.4 要素は、関係するコミュニティー、集団、或は、場合によっては、個人の可能な限り幅広い参加、そして、彼らの自由な、事前説明を受けた上での同意をもって申請されたものであること。
R.5 要素は、条約第11条と第12条で定義された、締約国の領域内にある無形文化遺産の提出目録に含まれていること。

参考URL https://ich.unesco.org/en/RL/ancient-georgian-traditional-qvevri-wine-making-method-00959

モンゴル人のナックルボーン・シューティング

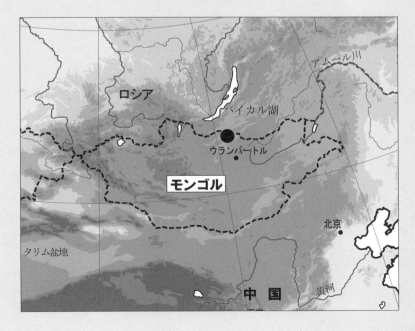

伝統的なフフルでの馬乳酒（アイラグ）の製造技術と関連する慣習

準拠　　　　無形文化遺産の保護に関する条約（略称：無形文化遺産保護条約）

目的　　　　グローバル化により失われつつある多様な文化を守る為、無形文化遺産尊重の意識を向上させ、その保護に関する国際協力を促進する。

登録遺産名　Traditional technique of making Airag in Khokhuur and its associated customs

人類の無形文化遺産の代表的なリスト（略称：代表リスト）への登録年　2019年

登録遺産の概要　伝統的なフフルでの馬乳酒（アイラグ）の製造技術と関連する慣習は、モンゴルのすべての遊牧民の牧畜業者の家族社会で行われている。モンゴルの国土の至るところでいっても、現実には、ほとんどがモンゴルの中央部に住んでいる牧畜業者によって行われている。これらの遊牧民族は、フフル（牛革の容器或は袋）をつくり、フフルに発酵した雌馬の乳-馬乳酒（アイラグ）　をつくる伝統的な知識や独特の技術を有する真の保持者であり、また、これにかかわる家族もそうである。地域社会、牧畜業者、馬乳酒（アイラグ）の製造者、調教師、長唄の歌手、馬頭琴の演奏家、学校など多様な社会・文化も関わりを持ち、馬乳酒（アイラグ）の製造を支援しこの国の伝統を継承している。

分類　口承及び表現（伝達手段としての言語を含む）、芸能、社会的慣習、儀式及び祭礼行事
　　　自然及び万物に関する知識及び慣習、伝統工芸

地域　モンゴルの中央地域（ゴビ砂漠と北部の高山群の間）、アルハンガイ県、ボルガン県、トゥブ県、ウブルハンガイ県、ヘンティー県、ドンドゴビ県、ウムヌゴビ県など。

登録基準　「代表リスト」への登録申請にあたっては、次のR.1～R.5までの5つの基準を全て満たさなければならない。

R.1　要素は、条約第2条で定義された無形文化遺産を構成すること。
R.2　要素の登録は、無形文化遺産の認知と重要性の意識の向上が確保され、世界の文化の多様性を反映し、人類の創造性を示す対話が奨励されること。
R.3　要素を保護し促進する保護措置が図られていること。
R.4　要素は、関係するコミュニティー、集団、或は、場合によっては、個人の可能な限り幅広い参加、そして、彼らの自由な、事前説明を受けた上での同意をもって申請されたものであること。
R.5　要素は、条約第11条と第12条で定義された、締約国の領域内にある無形文化遺産の提出目録に含まれていること。

参考URL　https://ich.unesco.org/en/RL/ancient-georgian-traditional-qvevri-wine-making-method-1172

世界遺産ガイドーモンゴル編ー

伝統的なフフルでの馬乳酒（アイラグ）の製造技術と関連する慣習

モンゴルの世界無形文化遺産

シンクタンクせとうち総合研究機構
103

モンゴル・ビエルゲー：モンゴルの伝統的民族舞踊

準拠	無形文化遺産の保護に関する条約（略称：無形文化遺産保護条約）
目的	グローバル化により失われつつある多様な文化を守る為、無形文化遺産尊重の意識を向上させ、その保護に関する国際協力を促進する。
登録遺産名	Mongol Biyelgee:Mongolian traditional folk dance

緊急に保護する必要がある無形文化遺産のリスト（略称：「緊急保護リスト」）への登録年　2009年

登録遺産の概要　モンゴル・ビエルゲー：モンゴルの伝統的民族舞踊は、ホヴド県とオヴス県の異民族の踊り子によって、演じられる。ビエルゲー舞踊は、モンゴルの舞踊の元祖ともいえ、遊牧民の生活様式が発祥である。ビエルゲー舞踊は、通常、遊牧民の住居であるゲルの中の小さなスペースに限られ、半分座ったり足を組んで行われる。手、肩、脚の動きは、家事労働、慣習、伝統などモンゴルのライフスタイルの側面を表現する。ビエルゲーの踊り子は、民族グループやコミュニティー固有の衣類やアクセサリーを身に着ける。色の組み合わせ、芸術的な文様、刺繍、編み物、キルト、皮革、金と銀の宝石などが特徴である。舞踊は、お祭り、お祝い、ウェディングなど家族やコミュニティのイベント、異民族のアイデンティティ、家族の結束、他のモンゴルの異民族間の相互理解に重要な役割を果たす。伝統的に、モンゴル・ビエルゲーは、家族、一族、或は、近所付き合いを通じて、若い世代に継承されている。今日では、ビエルゲー舞踊の継承者の大多数は、高齢化し、減少している。モンゴル・ビエルゲー固有の多様性も、異なる民族とのビエルゲーの形態の代表的者が非常に少数しか残っていない為、危機にさらされている。

分類　芸能、社会的慣習、儀式及び祭礼行事、伝統工芸

地域　ホヴド県とオヴス県

登録基準　「緊急保護リスト」への登録は、次のU.1～U.6までの6つの基準を
　　　　　　全て満たさなければならない。
- U.1　要素は、条約第2条で定義された無形文化遺産を構成すること。
- U.2　a　要素は、関係するコミュニティー、集団、或は、場合によっては、個人及び締約国の努力にもかかわらず、その存続が危機にさらされている為、緊急の保護の必要があること。
　　　　b　要素は、即時の保護なしでは存続が期待できない終末的な脅威に直面している為、喫緊の保護の必要があること。
- U.3　要素を保護し促進する保護措置が図られていること。
- U.4　要素は、関係するコミュニティー、集団、或は、場合によっては、個人の可能な限り幅広い参加、そして、彼らの自由な、事前説明を受けた上での同意をもって申請されたものであること。
- U.5　要素は、条約第11条と第12条で定義された、締約国の領域内にある無形文化遺産の提出目録に含まれていること。
- U.6　喫緊の場合には、関係締約国は、条約第17条3項に則り、要素の登録について、正式に協議を受けていること。

参考URL　https://ich.unesco.org/en/RL/ancient-georgian-traditional-qvevri-wine-making-method-00311

モンゴル・ビエルゲー：モンゴルの伝統的民族舞踊

モンゴル・トゥーリ：モンゴルの叙事詩

準拠	無形文化遺産の保護に関する条約（略称：無形文化遺産保護条約）
目的	グローバル化により失われつつある多様な文化を守る為、無形文化遺産尊重の意識を向上させ、その保護に関する国際協力を促進する。
登録遺産名	Mongol Tuuli:Mongolian epic

緊急に保護する必要がある無形文化遺産のリスト（略称：「緊急保護リスト」）への登録年　2009年

登録遺産の概要　モンゴル・トゥーリは、モンゴルの西部地域、特に、ホブド県、オブス県、それにウランバートル市で見られる数百から数千の詩が登場する英雄叙事詩から構成される口承で、弔辞、綴り、慣用句、童話、神話、民謡が組み合わされる。彼らは、モンゴルの口承の生きた百科事典とみなされ、モンゴル人の英雄の歴史を不滅にしている。叙事詩の歌手達は、驚異的な記憶と演技力をもっており、歌唱、即興、作曲、演劇の要素を結合する。壮大な歌詞は、モリン・ホール（馬の楽器）やトフシュール（弦楽器）の様な楽器の演奏で、演じられる。叙事詩は、国家行事、結婚式、ナーダムなど多くの社会的、公共の行事などで、演じられる。叙事詩は、何世紀にもわたって進化し、遊牧民の生活、社会、宗教などを反映している。演技する芸術家は、世代から世代へと叙事詩の伝統を培い、父から息子へと、学習、演技の技術を継承する。叙事詩を通じて、モンゴル人は、歴史的な知識や価値を若い世代に継承し、国家のアイデンティティ、誇り、団結の意識を強化する。今日では、叙事詩の訓練者や学習者が減少している。モンゴルの叙事詩が徐々に消失すると、歴史的、文化的な知識の伝達の仕組みが低下する。

分類　口承及び表現（伝達手段としての言語を含む）、芸能、社会的慣習、儀式及び祭礼行事　伝統工芸

地域　ホブド県、オブス県、それにウランバートル市

登　登録基準　「緊急保護リスト」への登録は、次のU.1〜U.6までの6つの基準を全て満たさなければならない。
- U.1　要素は、条約第2条で定義された無形文化遺産を構成すること。
- U.2　a　要素は、関係するコミュニティー、集団、或は、場合によっては、個人及び締約国の努力にもかかわらず、その存続が危機にさらされている為、緊急の保護の必要があること。
- b　要素は、即時の保護なしでは存続が期待できない終末的な脅威に直面している為、喫緊の保護の必要があること。
- U.3　要素を保護し促進する保護措置が図られていること。
- U.4　要素は、関係するコミュニティー、集団、或は、場合によっては、個人の可能な限り幅広い参加、そして、彼らの自由な、事前説明を受けた上での同意をもって申請されたものであること。
- U.5　要素は、条約第11条と第12条で定義された、締約国の領域内にある無形文化遺産の提出目録に含まれていること。
- U.6　喫緊の場合には、関係締約国は、条約第17条3項に則り、要素の登録について、正式に協議を受けていること。

参考URL　https://ich.unesco.org/en/RL/ancient-georgian-traditional-qvevri-wine-making-method-00310

世界遺産ガイドーモンゴル編ー

モンゴル・トゥーリ

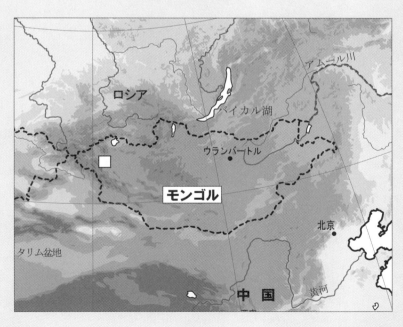

モンゴルの世界無形文化遺産

シンクタンクせとうち総合研究機構

ツォールの伝統的な音楽

準拠	無形文化遺産の保護に関する条約（略称：無形文化遺産保護条約）
目的	グローバル化により失われつつある多様な文化を守る為、無形文化遺産尊重の意識を向上させ、その保護に関する国際協力を促進する。
登録遺産名	Traditional music of the Tsuur

緊急に保護する必要がある無形文化遺産のリスト（略称：「緊急保護リスト」）への登録年　2009年

登録遺産の概要　ツォールの伝統的な音楽は、楽器と声楽の演技の組み合わせで、楽器と人間の喉の両方によって、同時に創られる混成である。ツォールの音楽は、アルタイ地方のウリヤンハイのモンゴル人に不可分の結び付きをもっており、日常生活の不可欠な一部として、残っている。その起源は、自然崇拝の古代の慣習にある。ツォールは、3つの指の穴がある垂直方向のパイプ状の木管楽器である。ツォールは、伝統的に、狩猟、安全な旅行、結婚式などの成功を願って演奏される。音楽は、一人旅の時の自分の内面の感情を反映し、人間と自然を結び付ける。音楽、自分の内面の感情が一人旅を反映して接続して自然に、人間と芸能の役割を果たします。ツォールの伝統は、民俗や信仰の軽視、ツォールの演奏者の減少などで、最近の数十年間、色褪せている。ウリヤンハイのモンゴル人の間で保持されてきた40の既知の作品は、記憶で継承されているが消滅の危機にある。

分類　芸能、社会的慣習、儀式及び祭礼行事

地域　アルタイ地方

登録基準　「緊急保護リスト」への登録は、次のU.1～U.6までの6つの基準を
全て満たさなければならない。
- U.1　要素は、条約第2条で定義された無形文化遺産を構成すること。
- U.2　a　要素は、関係するコミュニティー、集団、或は、場合によっては、個人及び締約国の努力にもかかわらず、その存続が危機にさらされている為、緊急の保護の必要があること。
  - b　要素は、即時の保護なしでは存続が期待できない終末的な脅威に直面している為、喫緊の保護の必要があること。
- U.3　要素を保護し促進する保護措置が図られていること。
- U.4　要素は、関係するコミュニティー、集団、或は、場合によっては、個人の可能な限り幅広い参加、そして、彼らの自由な、事前説明を受けた上での同意をもって申請されたものであること。
- U.5　要素は、条約第11条と第12条で定義された、締約国の領域内にある無形文化遺産の提出目録に含まれていること。
- U.6　喫緊の場合には、関係締約国は、条約第17条3項に則り、要素の登録について、正式に協議を受けていること。

参考URL　https://ich.unesco.org/en/RL/ancient-georgian-traditional-qvevri-wine-making-method-00312

ツォールの伝統的な音楽

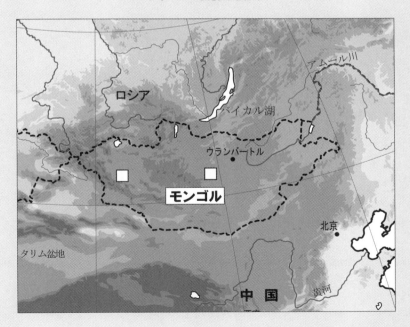

リンベの民謡長唄演奏技法-循環呼吸

準拠	無形文化遺産の保護に関する条約（略称：無形文化遺産保護条約）
目的	グローバル化により失われつつある多様な文化を守る為、無形文化遺産尊重の意識を向上させ、その保護に関する国際協力を促進する。
登録遺産名	Folk long song performance technique of Limbe performances - circular breathing

緊急に保護する必要がある無形文化遺産のリスト（略称：「緊急保護リスト」）への登録年　2011年

登録遺産の概要　リンベの民謡長唄演奏技法-循環呼吸は、モンゴルにつたわる伝統楽器「リンベ」による演奏、楽曲である。リンベは、六つの指孔をもつ横笛で、竹、硬木、金属などで作られている。リンベは、縦笛のツォールよりも音域が高く、華やかな音色である。モンゴルの民族音楽は、動物を題材にしたものが多いが、このリンベでは、小鳥を表すことが多い。リンベの民謡長唄演奏技法は、鼻、口、頬を巧みに動かして、空気を吸いながら吹くという循環呼吸法によって、途切れることなく民謡長唄の演奏を行う、独特な雰囲気をもつ民俗音楽である。長唄は、一節は、約4〜5分で、3〜5節からなる。しかしながら、リンベの演奏者は、グループ、個人を問わず、減少し、14程度の不安定な状況にあり、消滅することが危惧されている。

分類　芸能

登録基準　「緊急保護リスト」への登録は、次のU.1〜U.6までの6つの基準を全て満たさなければならない。
- U.1　要素は、条約第2条で定義された無形文化遺産を構成すること。
- U.2　a　要素は、関係するコミュニティー、集団、或は、場合によっては、個人及び締約国の努力にもかかわらず、その存続が危機にさらされている為、緊急の保護の必要があること。
-    　b　要素は、即時の保護なしでは存続が期待できない終末的な脅威に直面している為、喫緊の保護の必要があること。
- U.3　要素を保護し促進する保護措置が図られていること。
- U.4　要素は、関係するコミュニティー、集団、或は、場合によっては、個人の可能な限り幅広い参加、そして、彼らの自由な、事前説明を受けた上での同意をもって申請されたものであること。
- U.5　要素は、条約第11条と第12条で定義された、締約国の領域内にある無形文化遺産の提出目録に含まれていること。
- U.6　喫緊の場合には、関係締約国は、条約第17条3項に則り、要素の登録について、正式に協議を受けていること。

参考URL　https://ich.unesco.org/en/RL/ancient-georgian-traditional-qvevri-wine-making-method-00543

世界遺産ガイドーモンゴル編ー

リンベの民謡長唄演奏技法-循環呼吸

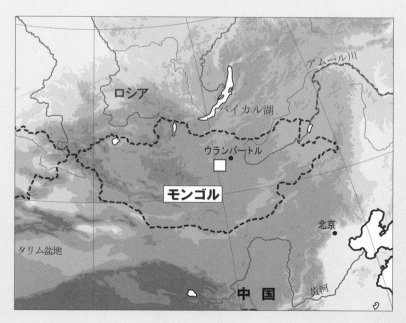

モンゴルの世界無形文化遺産

モンゴル書道

準拠	無形文化遺産の保護に関する条約（略称：無形文化遺産保護条約）
目的	グローバル化により失われつつある多様な文化を守る為、無形文化遺産尊重の意識を向上させ、その保護に関する国際協力を促進する。
登録遺産名	**Mongolian calligraphy**

緊急に保護する必要がある無形文化遺産のリスト（略称：「緊急保護リスト」）への登録年 2013年

登録遺産の概要 モンゴル書道は、モンゴル文字を用いて行われる書道のこと。モンゴル書道は、中国、韓国、日本で行われている書道と同じく、毛筆を用いて行われるが、アラビア文字のように連続した筆致で描き上げるのが特徴である。モンゴル文字は、モンゴル民族がモンゴル諸語を書写するために古くから現在まで使用されてきた文字で、蒙古文字とも呼ばれ、公文書、招待状、外交文書から恋文に至るまで、また、速記文字として、それに、紋章、ロゴ、硬貨などにも使用されている。モンゴル書道は、伝統的に、指導教師が最善の学生を選んで弟子とし、5～8年の歳月をかけて書道家に育てる。モンゴル書道は、社会の変容、都市化、グローバリゼーションの進展などで、若手の書道家の数が激減している。現在は、中年の3人の学者達が20人ばかりの若い書道家を育成しているだけで、生活費の高騰が、若い世代に無報酬で教える余裕をなくしている。それ故に、若者が伝統的な書道に魅力を持つ工夫、それに、モンゴル文字や書道の伝統を守り活性化していく方策が求められている。

分類 社会的慣習、儀式及び祭礼行事、伝統工芸

登録基準 「緊急保護リスト」への登録は、次のU.1～U.6までの6つの基準を
全て満たさなければならない。
U.1　要素は、条約第2条で定義された無形文化遺産を構成すること。
U.2　a　要素は、関係するコミュニティー、集団、或は、場合によっては、個人及び締約国の努力にもかかわらず、その存続が危機にさらされている為、緊急の保護の必要があること。
　　　b　要素は、即時の保護なしでは存続が期待できない終末的な脅威に直面している為、喫緊の保護の必要があること。
U.3　要素を保護し促進する保護措置が図られていること。
U.4　要素は、関係するコミュニティー、集団、或は、場合によっては、個人の可能な限り幅広い参加、そして、彼らの自由な、事前説明を受けた上での同意をもって申請されたものであること。
U.5　要素は、条約第11条と第12条で定義された、締約国の領域内にある無形文化遺産の提出目録に含まれていること。
U.6　喫緊の場合には、関係締約国は、条約第17条3項に則り、要素の登録について、正式に協議を受けていること。

参考URL　https://ich.unesco.org/en/RL/ancient-georgian-traditional-qvevri-wine-making-method-00873

世界遺産ガイドーモンゴル編ー

モンゴル書道

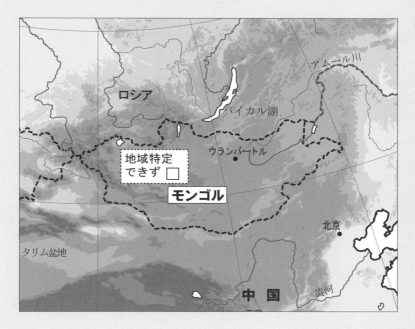

モンゴルの世界無形文化遺産

シンクタンクせとうち総合研究機構　113

ラクダを宥める儀式

準拠	無形文化遺産の保護に関する条約（略称：無形文化遺産保護条約）
目的	グローバル化により失われつつある多様な文化を守る為、無形文化遺産尊重の意識を向上させ、その保護に関する国際協力を促進する。
登録遺産名	**Coaxing ritual for camels**

緊急に保護する必要がある無形文化遺産のリスト（略称：「緊急保護リスト」）への登録年　2015年

登録遺産の概要　ラクダを宥める儀式は、モンゴルの南部のゴビ地域の牧畜民が、新生子ラクダに親ラクダの乳を飲ませる儀式である。親ラクダは子ラクダを自分の生んだ子ラクダと判断するのに時間がかかり、生まれたばかりの子ラクダに乳を飲ませるのは至難の技で、生まれたばかりの子ラクダは乳を飲めず衰弱してしまう恐れがある。遊牧民家族はモンゴル民族楽器である馬頭琴の音色のもとに特別な歌を披露し、親ラクダを慰めるのである。その歌を聞いて、親ラクダは生まれたばかりの子ラクダをようやく自分の子と認識し、乳を飲ませる。しかしながら、ラクダを宥める儀式は、輸送手段のラクダから車への変化、ウムヌゴビ県での鉱業の発展による就労の変化、若者の牧畜民の数の減少、ゴビ地域から都会への移住など社会・文化環境の変化などから消滅の危機にさらされている。

分類　口承及び表現（伝達手段としての言語を含む）、芸能、社会的慣習、儀式及び祭礼行事　自然及び万物に関する知識及び慣習

地域　ウムヌゴビ県

登録基準　「緊急保護リスト」への登録は、次のU.1～U.6までの6つの基準を全て満たさなければならない。
- U.1　要素は、条約第2条で定義された無形文化遺産を構成すること。
- U.2　a　要素は、関係するコミュニティー、集団、或は、場合によっては、個人及び締約国の努力にもかかわらず、その存続が危機にさらされている為、緊急の保護の必要があること。
  - b　要素は、即時の保護なしでは存続が期待できない終末的な脅威に直面している為、喫緊の保護の必要があること。
- U.3　要素を保護し促進する保護措置が図られていること。
- U.4　要素は、関係するコミュニティー、集団、或は、場合によっては、個人の可能な限り幅広い参加、そして、彼らの自由な、事前説明を受けた上での同意をもって申請されたものであること。
- U.5　要素は、条約第11条と第12条で定義された、締約国の領域内にある無形文化遺産の提出目録に含まれていること。
- U.6　喫緊の場合には、関係締約国は、条約第17条3項に則り、要素の登録について、正式に協議を受けていること。

参考URL　https://ich.unesco.org/en/RL/ancient-georgian-traditional-qvevri-wine-making-method-01061

世界遺産ガイド－モンゴル編－

ラクダを宥める儀式

モンゴルの世界無形文化遺産

聖地を崇拝するモンゴル人の伝統的な慣習

準拠　　　　　無形文化遺産の保護に関する条約（略称：無形文化遺産保護条約）

目的　　　　　グローバル化により失われつつある多様な文化を守る為、無形文化遺産尊重の意識を向上させ、その保護に関する国際協力を促進する。

登録遺産名　　Mongolian traditional practices of worshipping the sacred sites

緊急に保護する必要がある無形文化遺産のリスト（略称：「緊急保護リスト」）への登録年　2017年

録遺産の概要　　聖地を崇拝するモンゴル人の伝統的な慣習は、モンゴル人が崇拝している山岳信仰である。のダリガンガ族によるダリ山など、モンゴルには、古い時代から幾つかの民族、地域社会、地元の人によって崇拝されている山があり、これらの山は、公式には、モンゴル大統領令による国家の崇拝されている山岳信仰の山として認定されている。グローバル化、都市化、遊牧民の聖地域から都会への流出などによる有識者の大幅な減少などから伝統的な山岳信仰の慣習が失われつつあり緊急保護リストへ登録された。尚、「グレート・ブルカン・カルドゥン山と周辺の聖なる景観」は、2015年に世界遺産リストに登録されている。ブルカンとは、モンゴル語で、「神」や「仏」を、カルドゥンとは、「山」や「丘」を意味する。従って、山名のブルカン・カルドゥンは、「神（仏）の山（丘）」を意味する。

分類　　社会的慣習、儀式及び祭礼行事、自然及び万物に関する知識及び慣習

地域　　トゥブ県ボグド・ハーン山、ヘンティー県ブルカン山、ザブハン県オトゴンテンゲル山、ゴビ・アルタイ県スタイ・ハイルハン山、スフバータル県ダリ山など。

登録基準　　「緊急保護リスト」への登録は、次のU.1～U.6までの6つの基準を全て満たさなければならない。
U.1　要素は、条約第2条で定義された無形文化遺産を構成すること。
U.2　a　要素は、関係するコミュニティー、集団、或は、場合によっては、個人及び締約国の努力にもかかわらず、その存続が危機にさらされている為、緊急の保護の必要があること。
　　　b　要素は、即時の保護なしでは存続が期待できない終末的な脅威に直面している為、喫緊の保護の必要があること。
U.3　要素を保護し促進する保護措置が図られていること。
U.4　要素は、関係するコミュニティー、集団、或は、場合によっては、個人の可能な限り幅広い参加、そして、彼らの自由な、事前説明を受けた上での同意をもって申請されたものであること。
U.5　要素は、条約第11条と第12条で定義された、締約国の領域内にある無形文化遺産の提出目録に含まれていること。
U.6　喫緊の場合には、関係締約国は、条約第17条3項に則り、要素の登録について、正式に協議を受けていること。

参考URL　　https://ich.unesco.org/en/RL/ancient-georgian-traditional-qvevri-wine-making-method-00871

世界遺産ガイドーモンゴル編ー

聖地を崇拝するモンゴル人の伝統的な慣習

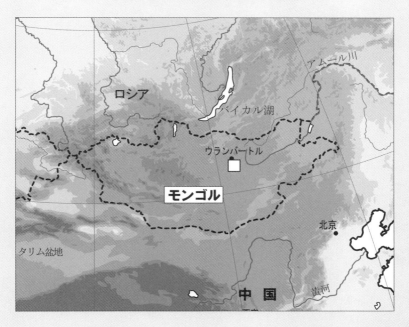

モンゴルの世界無形文化遺産

シンクタンクせとうち総合研究機構

モンゴルの世界の記憶

モンゴル国立図書館(ウランバートル)

世界遺産ガイドーモンゴル編ー

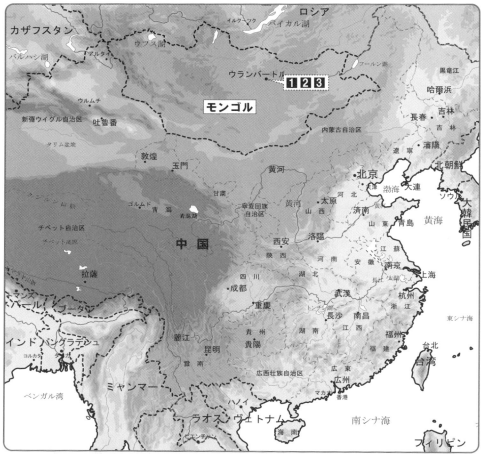

モンゴル国
Mongolia
首都　ウランバートル　主要言語　モンゴル語
「世界の記憶」の数　3　（世界遺産の数　5　世界無形文化遺産の数　14 ）　2019年11月現在

1 黄金史綱（アルタン・トブチ）（1651年）（Lu."Altan Tobchi" : Golden History written in 1651）
2011年登録
＜所蔵機関＞モンゴル国立図書館（ウランバートル）

2 モンゴル・タンジュールの石碑（Stone Stele Monument for Mongolian Tanjur）
2011年登録／2017年登録名変更
＜所蔵機関＞モンゴル国立図書館（ウランバートル）

3 9つの宝石で書かれたカンジュール（Kanjur written with 9 precious stones）
2013年登録　＊金、銀、珊瑚、真珠、トルコ石、ラピスラズリ、鋼、真珠母貝などの9つの宝石で、黒紙に書かれた25523頁に及ぶ経典。
＜所蔵機関＞モンゴル国立図書館（ウランバートル）

黄金史綱（アルタン・トブチ）（1651年）

モンゴル・タンジュールの石碑

9つの宝石で書かれたカンジュール

モンゴル国立図書館（ウランバートル）

モンゴル国立図書館(ウランバートル)

モンゴル国立図書館(ウランバートル) 所蔵庫

〈著者プロフィール〉

古田 陽久（ふるた・はるひさ　FURUTA Haruhisa）
世界遺産総合研究所 所長

1951年広島県生まれ。1974年慶応義塾大学経済学部卒業、1990年シンクタンクせとうち総合研究機構を設立。アジアにおける世界遺産研究の先覚・先駆者の一人で、「世界遺産学」を提唱し、1998年世界遺産総合研究所を設置、所長兼務。毎年の世界遺産委員会や無形文化遺産委員会などにオブザーバー・ステータスで参加、中国杭州市での「首届中国大運河国際高峰論壇」、クルーズ船「にっぽん丸」、三鷹国際交流協会の国際理解講座、日本各地の青年会議所（JC）での講演など、その活動を全国的、国際的に展開している。これまでにイタリア、中国、スペイン、フランス、ドイツ、インド、メキシコ、英国、ロシア連邦、アメリカ合衆国、ブラジル、オーストラリア、ギリシャ、カナダ、トルコ、ポルトガル、ポーランド、スウェーデン、ベルギー、韓国、スイス、チェコ、ペルー、モンゴルなど約68か国、約300の世界遺産地を訪問している。現在、広島市佐伯区在住。

【専門分野】世界遺産制度論、世界遺産論、自然遺産論、文化遺産論、危機遺産論、地域遺産論、日本の世界遺産、世界無形文化遺産、世界の記憶、世界遺産と教育、世界遺産と観光、世界遺産と地域づくり・まちづくり

【著書】「世界の記憶遺産60」（幻冬舎）、「世界遺産データ・ブック」、「世界無形文化遺産データ・ブック」、「世界の記憶データ・ブック」（世界記憶遺産データブック）、「誇れる郷土データ・ブック」、「世界遺産ガイド」シリーズ、「ふるさと」「誇れる郷土」シリーズなど多数。

【執筆】連載「世界遺産への旅」、「世界記憶遺産の旅」、日本政策金融公庫調査月報「連載『データで見るお国柄』」、「世界遺産を活用した地域振興ー『世界遺産基準』の地域づくり・まちづくりー」（月刊「地方議会人」）、中日新聞・東京新聞サンデー版「大図解危機遺産」、「現代用語の基礎知識2009」（自由国民社）世の中ペディア「世界遺産」など多数。

【テレビ出演歴】TBSテレビ「ひるおび」、「NEWS23」、「Nスタニュース」、テレビ朝日「モーニングバード」、「やじうまテレビ」、「ANNスーパーJチャンネル」、日本テレビ「スッキリ!!」、フジテレビ「めざましテレビ」、「スーパーニュース」、「とくダネ!」、「NHK福岡ロクいち！」など多数。

【ホームページ】「世界遺産と総合学習の杜」http://www.wheritage.net/

世界遺産ガイド ーモンゴル編ー

2019年（令和元年）12月25日　初版　第1刷

著　者　　古田 陽久
企画・編集　世界遺産総合研究所
発　行　　シンクタンクせとうち総合研究機構 ©
　　　　　〒731-5113　広島市佐伯区美鈴が丘緑三丁目4番3号
　　　　　TEL&FAX　082-926-2306
　　　　　電子メール　wheritage@tiara.ocn.ne.jp
　　　　　インターネット　http://www.wheritage.net
　　　　　出版社コード　86200

©本書の内容を複写、複製、引用、転載される場合には、必ず発行元に、事前にご連絡下さい。

Complied and Printed in Japan, 2019　　ISBN978-4-86200-233-4 C1526 Y2500E

発行図書のご案内

世界遺産シリーズ

書名	ISBN・価格・発行年月	内容
世界遺産データ・ブック 2020年版 【新刊】	978-4-86200-228-0 本体2778円 2019年8月	最新のユネスコ世界遺産1121物件の全物件名と登録基準、位置を掲載。ユネスコ世界遺産の概要も充実。世界遺産学習の上での必携の書。
世界遺産事典-1121全物件プロフィール- 2020改訂版 【新刊】	978-4-86200-229-7 本体2778円 2019年8月	世界遺産1121物件の全物件プロフィールを収録。 2020改訂版
世界遺産キーワード事典 2009改訂版	978-4-86200-133-7 本体2000円 2008年9月発行	世界遺産に関連する用語の紹介と解説
世界遺産マップス -地図で見るユネスコの世界遺産- 2020改訂版	978-4-86200-232-7 本体2600円 2019年12月発行	世界遺産1121物件の位置を地域別・国別に整理
世界遺産ガイド-世界遺産条約採択40周年特集-	978-4-86200-172-6 本体2381円 2012年11月発行	世界遺産の40年の歴史を特集し、持続可能な発展を考える。
世界遺産フォトス -写真で見るユネスコの世界遺産- 第2集-多様な世界遺産-	4-916208-22-6 本体1905円 1999年8月発行	
世界遺産の多様性を写真資料で学ぶ。	4-916208-50-1 本体2000円 2002年1月発行	
第3集-海外と日本の至宝100の記憶-	978-4-86200-148-1 本体2381円 2010年4月発行	
世界遺産入門-平和と安全な社会の構築-	978-4-86200-191-7 本体2500円 2015年5月発行	世界遺産を通じて「平和」と「安全」な社会の大切さを学ぶ
世界遺産学入門-もっと知りたい世界遺産-	4-916208-52-8 本体2000円 2002年2月発行	新しい学問としての「世界遺産学」の入門書
世界遺産学のすすめ-世界遺産が地域を拓く-	4-86200-100-9 本体2000円 2005年4月発行	普遍的価値を顕す世界遺産が、閉塞した地域を拓く
世界遺産概論＜上巻＞＜下巻＞ 世界遺産の基礎的事項をわかりやすく解説	上巻 978-4-86200-116-0 下巻 978-4-86200-117-7 2007年1月発行 本体 各2000円	
世界遺産ガイド-ユネスコ遺産の基礎知識-	978-4-86200-184-9 本体2500円 2014年3月発行	混同するユネスコ三大遺産の違いを明らかにする
世界遺産ガイド-世界遺産条約編-	4-916208-34-X 本体2000円 2000年7月発行	世界遺産条約を特集し、条約の趣旨や目的などポイントを解説
世界遺産ガイド -世界遺産条約とオペレーショナル・ガイドラインズ編-	978-4-86200-128-3 本体2000円 2007年12月発行	世界遺産条約とその履行の為の作業指針について特集する
世界遺産ガイド-世界遺産の基礎知識編- 2009改訂版	978-4-86200-132-0 本体2000円 2008年10月発行	世界遺産の基礎知識をQ&A形式で解説
世界遺産ガイド-図表で見るユネスコの世界遺産編-	4-916208-89-7 本体2000円 2004年12月発行	世界遺産をあらゆる角度からグラフ、図表、地図などで読む
世界遺産ガイド-情報所在源編-	4-916208-84-6 本体2000円 2004年1月発行	世界遺産に関連する情報所在源を各国別、物件別に整理
世界遺産ガイド-自然遺産編- 2016改訂版	978-4-86200-198-6 本体2500円 2016年3月発行	ユネスコ自然遺産の全容を紹介
世界遺産ガイド-文化遺産編- 2016改訂版	978-4-86200-175-7 本体2500円 2016年3月発行	ユネスコ文化遺産の全容を紹介
世界遺産ガイド-文化遺産編- 1. 遺跡	4-916208-32-3 本体2000円 2000年8月発行	
2. 建造物	4-916208-33-1 本体2000円 2000年9月発行	
3. モニュメント	4-916208-35-8 本体2000円 2000年10月発行	
4. 文化的景観	4-916208-53-6 本体2000円 2002年1月発行	
世界遺産ガイド-複合遺産編- 2016改訂版	978-4-86200-200-6 本体2500円 2016年3月発行	ユネスコ複合遺産の全容を紹介
世界遺産ガイド-危機遺産編- 2016改訂版	978-4-86200-197-9 本体2500円 2015年12月発行	危機にさらされている世界遺産を特集
世界遺産ガイド-文化の道編-	978-4-86200-207-5 本体2500円 2016年12月発行	世界遺産に登録されている「文化の道」を特集
世界遺産ガイド-文化的景観編-	978-4-86200-150-4 本体2381円 2010年4月発行	文化的景観のカテゴリーに属する世界遺産を特集
世界遺産ガイド-複数国にまたがる世界遺産編-	978-4-86200-151-1 本体2381円 2010年6月発行	複数国にまたがる世界遺産を特集

書名	ISBN・価格・発行	内容
世界遺産ガイド-日本編- 2020改訂版 【新刊】	978-4-86200-230-3 本体2778円 2019年9月発行	日本にある世界遺産、暫定リストを特集
日本の世界遺産 -東日本編-	978-4-86200-130-6 本体2000円 2008年2月発行	
日本の世界遺産 -西日本編-	978-4-86200-131-3 本体2000円 2008年2月発行	
世界遺産ガイド-日本の世界遺産登録運動-	4-86200-108-4 本体2000円 2005年12月発行	暫定リスト記載物件はじめ世界遺産登録運動の動きを特集
世界遺産ガイド-世界遺産登録をめざす富士山編-	978-4-86200-153-5 本体2381円 2010年11月発行	富士山を世界遺産登録する意味と意義を考える
世界遺産ガイド-北東アジア編-	4-916208-87-0 本体2000円 2004年3月発行	北東アジアにある世界遺産を特集、国の概要も紹介
世界遺産ガイド-朝鮮半島にある世界遺産-	4-86200-102-5 本体2000円 2005年7月発行	朝鮮半島にある世界遺産、暫定リスト、無形文化遺産を特集
世界遺産ガイド-中国編- 2010改訂版	978-4-86200-139-9 本体2381円 2009年10月発行	中国にある世界遺産、暫定リストを特集
世界遺産ガイド-モンゴル編- 【新刊】	978-4-86200-233-4 本体2500円 2019年12月発行	モンゴルにあるユネスコ遺産を特集
世界遺産ガイド-東南アジア編-	978-4-86200-149-8 本体2381円 2010年5月発行	東南アジアにある世界遺産、暫定リストを特集
世界遺産ガイド-ネパール・インド・スリランカ編- 【新刊】	978-4-86200-221-1 本体2500円 2018年11月発行	ネパール・インド・スリランカにある世界遺産を特集
世界遺産ガイド-オーストラリア編-	4-86200-115-7 本体2000円 2006年5月発行	オーストラリアにある世界遺産を特集、国の概要も紹介
世界遺産ガイド-中央アジアと周辺諸国編-	4-916208-63-3 本体2000円 2002年8月発行	中央アジアと周辺諸国にある世界遺産を特集
世界遺産ガイド-中東編-	4-916208-30-7 本体2000円 2000年7月発行	中東にある世界遺産を特集
世界遺産ガイド-知られざるエジプト編-	978-4-86200-152-8 本体2381円 2010年6月発行	エジプトにある世界遺産、暫定リスト等を特集
世界遺産ガイド-アフリカ編-	4-916208-27-7 本体2000円 2000年3月発行	アフリカにある世界遺産を特集
世界遺産ガイド-イタリア編-	4-86200-109-2 本体2000円 2006年1月発行	イタリアにある世界遺産、暫定リストを特集
世界遺産ガイド-スペイン・ポルトガル編-	978-4-86200-158-0 本体2381円 2011年1月発行	スペインとポルトガルにある世界遺産を特集
世界遺産ガイド-英国・アイルランド編-	978-4-86200-159-7 本体2381円 2011年3月発行	英国とアイルランドにある世界遺産等を特集
世界遺産ガイド-フランス編-	978-4-86200-160-3 本体2381円 2011年5月発行	フランスにある世界遺産、暫定リストを特集
世界遺産ガイド-ドイツ編-	4-86200-101-7 本体2000円 2005年6月発行	ドイツにある世界遺産、暫定リストを特集
世界遺産ガイド-ロシア編-	978-4-86200-166-5 本体2381円 2012年4月発行	ロシアにある世界遺産等を特集
世界遺産ガイド-コーカサス諸国編- 【新刊】	978-4-86200-227-3 本体2500円 2019年6月発行	コーカサス諸国にある世界遺産等を特集
世界遺産ガイド-バルト三国編- 【新刊】	4-86200-222-8 本体2500円 2018年12月発行	バルト三国にある世界遺産を特集
世界遺産ガイド-アメリカ合衆国編- 【新刊】	978-4-86200-214-3 本体2500円 2018年1月発行	アメリカ合衆国にあるユネスコ遺産等を特集
世界遺産ガイド-メキシコ編-	978-4-86200-202-0 本体2500円 2016年8月発行	メキシコにある世界遺産等を特集
世界遺産ガイド-カリブ海地域編- 【新刊】	4-86200-226-6 本体2600円 2019年5月発行	カリブ海地域にある主な世界遺産を特集
世界遺産ガイド-中米編-	4-86200-81-1 本体2000円 2004年2月発行	中米にある主な世界遺産を特集
世界遺産ガイド-南米編-	4-86200-76-5 本体2000円 2003年9月発行	南米にある主な世界遺産を特集

書名	ISBN・価格・発行	内容
世界遺産ガイド-地形・地質編-	978-4-86200-185-6 本体2500円 2014年5月発行	世界自然遺産のうち、代表的な「地形・地質」を紹介
世界遺産ガイド-生態系編-	978-4-86200-186-3 本体2500円 2014年5月発行	世界自然遺産のうち、代表的な「生態系」を紹介
世界遺産ガイド-自然景観編-	4-916208-86-2 本体2000円 2004年3月発行	世界自然遺産のうち、代表的な「自然景観」を紹介
世界遺産ガイド-生物多様性編-	4-916208-83-8 本体2000円 2004年1月発行	世界自然遺産のうち、代表的な「生物多様性」を紹介
世界遺産ガイド-自然保護区編-	4-916208-73-0 本体2000円 2003年5月発行	自然遺産のうち、自然保護区のカテゴリーにあたる物件を特集
世界遺産ガイド-国立公園編-	4-916208-58-7 本体2000円 2002年5月発行	ユネスコ世界遺産のうち、代表的な国立公園を特集
世界遺産ガイド-名勝・景勝地編-	4-916208-41-2 本体2000円 2001年3月発行	ユネスコ世界遺産のうち、代表的な名勝・景勝地を特集
世界遺産ガイド-歴史都市編-	4-916208-64-1 本体2000円 2002年9月発行	ユネスコ世界遺産のうち、代表的な歴史都市を特集
世界遺産ガイド-都市・建築編-	4-916208-39-0 本体2000円 2001年2月発行	ユネスコ世界遺産のうち、代表的な都市・建築を特集
世界遺産ガイド-産業・技術編-	4-916208-40-4 本体2000円 2001年3月発行	ユネスコ世界遺産のうち、産業・技術関連遺産を特集
世界遺産ガイド-産業遺産編-保存と活用	4-86200-103-3 本体2000円 2005年4月発行	ユネスコ世界遺産のうち、各産業分野の遺産を特集
世界遺産ガイド-19世紀と20世紀の世界遺産編-	4-916208-56-0 本体2000円 2002年7月発行	激動の19世紀、20世紀を代表する世界遺産を特集
世界遺産ガイド-宗教建築物編-	4-916208-72-2 本体2000円 2003年6月発行	ユネスコ世界遺産のうち、代表的な宗教建築物を特集
世界遺産ガイド-仏教関連遺産編- 新刊	4-86200-223-5 本体2600円 2019年2月発行	ユネスコ世界遺産のうち仏教関連遺産を特集
世界遺産ガイド-歴史的人物ゆかりの世界遺産編-	4-916208-57-9 本体2000円 2002年9月発行	歴史的人物にゆかりの深いユネスコ世界遺産を特集
世界遺産ガイド-人類の負の遺産と復興の遺産編-	978-4-86200-173-3 本体2000円 2013年2月発行	世界遺産から人類の負の遺産と復興の遺産を学ぶ
世界遺産ガイド-暫定リスト記載物件編-	978-4-86200-138-2 本体2000円 2009年5月発行	世界遺産暫定リストに記載されている物件を一覧する
世界遺産ガイド -特集 第29回世界遺産委員会ダーバン会議-	4-86200-105-X 本体2000円 2005年9月発行	2005年新登録24件と登録拡大、危機遺産などの情報を満載
世界遺産ガイド -特集 第28回世界遺産委員会蘇州会議-	4-916208-95-1 本体2000円 2004年8月発行	2004年新登録34件と登録拡大、危機遺産などの情報を満載

世界の文化シリーズ

世界遺産の無形版といえる「世界無形文化遺産」についての希少な書籍

書名	ISBN・価格・発行	内容
世界無形文化遺産データ・ブック 2019年版 新刊	978-4-86200-224-2 本体2600円 2019年4月発行	世界無形文化遺産の仕組みや登録されているものを地域別・国別に整理。
世界無形文化遺産事典 2019年版 新刊	978-4-86200-225-9 本体2600円 2019年4月発行	世界無形文化遺産の概要を、地域別・国別・登録年順に掲載。

世界の記憶シリーズ

ユネスコのプログラム「世界の記憶」の全体像を明らかにする日本初の書籍

書名	ISBN・価格・発行	内容
世界の記憶データ・ブック 2017～2018年版 新刊	978-4-86200-215-0 本体2778円 2018年1月発行	ユネスコ三大遺産事業の一つ「世界の記憶」の仕組みや427件の世界の記憶など、プログラムの全体像を明らかにする日本初のデータ・ブック。

ふるさとシリーズ

書名	ISBN・価格・発行	内容
誇れる郷土データ・ブック ―世界遺産と令和新時代の観光振興― 2020年版【新刊】	978-4-86200-231-0 本体2500円 2019年12月発行	令和新時代の観光振興につながるユネスコの世界遺産、世界無形文化遺産、世界の記憶、それに日本遺産などを整理。
誇れる郷土データ・ブック ―2020東京オリンピックに向けて― 2017年版	978-4-86200-209-9 本体2500円 2017年3月発行	2020年に開催される東京オリンピック・パラリンピックを見据えて、世界に通用する魅力ある日本の資源を都道府県別に整理。
誇れる郷土データ・ブック ―地方の創生と再生― 2015年版	978-4-86200-192-4 本体2500円 2015年5月発行	国や地域の創生や再生につながるシーズを都道府県別に整理。
誇れる郷土ガイド―日本の歴史的な町並み編―	978-4-86200-210-5 本体2500円 2017年8月発行	日本らしい伝統的な建造物群が残る歴史的な町並みを特集
誇れる郷土ガイド ―北海道・東北編―	4-916208-42-0 本体2000円 2001年5月発行	北海道・東北地方の特色・魅力・データを道県別にコンパクトに整理
誇れる郷土ガイド ―関東編―	4-916208-48-X 本体2000円 2001年11月発行	関東地方の特色・魅力・データを都県別にコンパクトに整理
誇れる郷土ガイド ―中部編―	4-916208-61-7 本体2000円 2002年10月発行	中部地方の特色・魅力・データを県別にコンパクトに整理
誇れる郷土ガイド ―近畿編―	4-916208-46-3 本体2000円 2001年10月発行	近畿地方の特色・魅力・データを府県別にコンパクトに整理
誇れる郷土ガイド ―中国・四国編―	4-916208-65-X 本体2000円 2002年12月発行	中国・四国地方の特色・魅力・データを県別にコンパクトに整理
誇れる郷土ガイド ―九州・沖縄編―	4-916208-62-5 本体2000円 2002年11月発行	九州・沖縄地方の特色・魅力・データを県別にコンパクトに整理
誇れる郷土ガイド―口承・無形遺産編―	4-916208-44-7 本体2000円 2001年6月発行	各都道府県別に、口承・無形遺産の名称を整理収録
誇れる郷土ガイド―全国の世界遺産登録運動の動き―	4-916208-69-2 本体2000円 2003年1月発行	暫定リスト記載物件はじめ全国の世界遺産登録運動の動きを特集
誇れる郷土ガイド―全国47都道府県の観光データ編― 2010改訂版	978-4-86200-123-8 本体2381円 2009年12月発行	各都道府県別の観光データ等の要点を整理
誇れる郷土ガイド―全国47都道府県の誇れる景観編―	4-916208-78-1 本体2000円 2003年10月発行	わが国の美しい自然環境や文化的な景観を都道府県別に整理
誇れる郷土ガイド―全国47都道府県の国際交流・協力編―	4-916208-85-4 本体2000円 2004年4月発行	わが国の国際交流・協力の状況を都道府県別に整理
誇れる郷土ガイド―日本の国立公園編―	4-916208-94-3 本体2000円 2005年2月発行	日本にある国立公園を取り上げ、概要を紹介
誇れる郷土ガイド―自然公園法と文化財保護法―	978-4-86200-129-0 本体2000円 2008年2月発行	自然公園法と文化財保護法について紹介する
誇れる郷土ガイド―市町村合併編―	978-4-86200-118-4 本体2000円 2007年2月発行	平成の大合併により変化した市町村の姿を都道府県別に整理
日本ふるさと百科―データで見るわたしたちの郷土―	4-916208-11-0 本体1429円 1997年12月発行	事物・統計・地域戦略などのデータを各都道府県別に整理
環日本海エリア・ガイド	4-916208-31-5 本体2000円 2000年6月発行	環日本海エリアに位置する国々や日本の地方自治体を取り上げる

シンクタンクせとうち総合研究機構

事務局　〒731-5113　広島市佐伯区美鈴が丘緑三丁目4番3号
書籍のご注文専用ファックス　082-926-2306　電子メールwheritage@tiara.ocn.ne.jp